LOCUS

與孩子慢舞

成長在日耳曼

Dora Chen

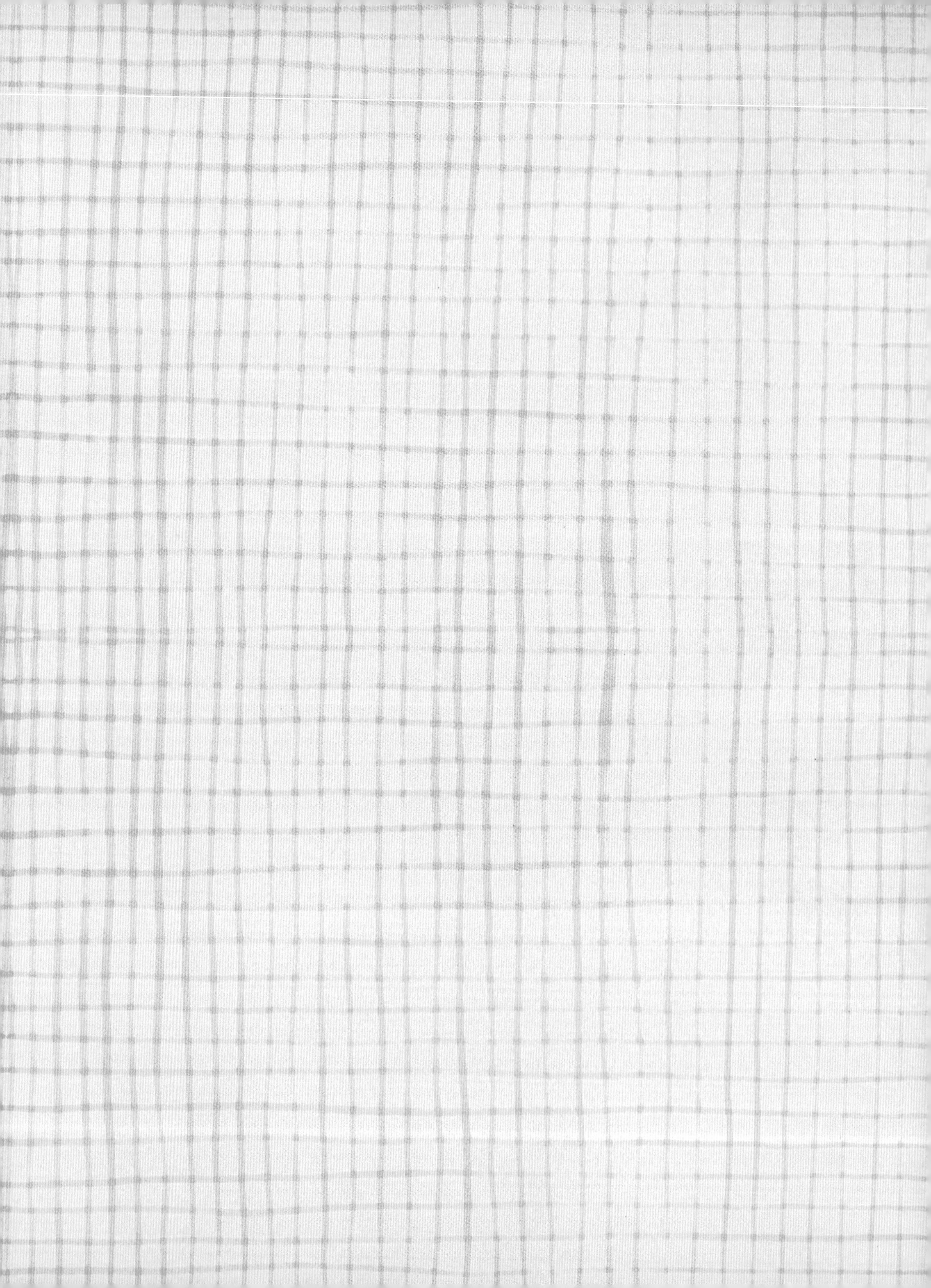

目次
Inhalt

作者序♥與孩子成長在日耳曼 008

安爸序♥我享受 012

孩子．我永遠的寶貝 015

五秒鐘的愛♥你願意摟摟孩子五秒鐘嗎？ 016

我愛老大多一點嗎？♥我愛誰比較多呢？老大？還是老二？ 020

看不見的遊戲♥可別小看孩子，他們可是默劇高手呢！ 026

水果熊的祕密♥只要提到水果熊，安娜便會掏心掏肺地把所有的祕密告訴我…… 030

孩子，是自己的老師♥把孩子當成老師，他會學得快又好！ 036

口紅膠冰棒♥見到尼克人生中的第一份創作，我想我需要打強心劑！ 040

媽媽，妳不愛我了嗎？♥四歲半的安娜，對「愛」有另一種詮釋。 044

「十分鐘」的魔法♥我給孩子「十分鐘」，他們竟然偷走了「半個小時」！ 048

氣球飛走了♥誰有勇氣，把手中的氣球放開？ 054

Extra 安媽咪情報站

德國教養專家——薩芬克 025

最受歡迎的可妮（Conni）故事書 035

手牽手・我們都是好朋友 059

泥巴褲的友誼 ♥ 交朋友？媽媽，我自己來吧！ 060

我也要學芭蕾舞！ ♥ 安娜穿著小內衣在客廳跑來跑去，說是在跳芭蕾舞呢～ 064

難解的友誼 ♥ 三個女孩手牽著手，像被魔法拷住似的…… 070

被打了，該回手嗎？ ♥ 孩子被打了，父母該如何反應？要孩子打回去嗎？ 074

我也是咖啡色的！ ♥ 有一天，安娜突然跟我說，她也是「咖啡色」…… 082

朋友的意義 ♥ 到底誰才是安娜心目中的「朋友」呢？ 086

你有，我也要！ ♥ 才四歲多的安娜，竟然開始有同儕壓力了！ 090

Extra 安媽咪情報站

打開人際交流的親子活動 069

情緒教育 081

左看右看・文化大探索 095

七點晚安 ♥ 相信嗎？德國孩子七點就上床了！ 096

故事時間 ♥ 說故事不一定要有什麼目的，有時只是一種自然的習慣。 100

生日禮物 ♥ 孩子生日前的一項大功課，竟然被我忽略了…… 104

電視兒童 ♥ 到底，該不該給孩子看電視？ 112

腳踏車的教育思維 ♥ 德國孩子若不善待自己的腳踏車，後果可是要自行負責！ 120

扮家家酒的真實世界 ♥ 和幼稚園的孩子來場真實的交易，的確是項難得的經驗！ 128
雨靴是做什麼用的？ ♥ 雨靴，當然是下雨時穿的，難道不是？ 134
一切我自己來 ♥ 當德國媽媽用一百個耐心面對孩子時，我似乎缺少了九十九點五個！ 140
準哥哥準姊姊 ♥ 誰說娃娃是女孩的專屬？德國小男生也會抱著娃娃到處跑！ 144
有趣的兒童健檢 ♥ 德國孩子的健檢，就是跟醫生叔叔遊戲和比賽…… 150
排外的背後 ♥ 安娜總是和外國孩子玩在一塊兒，難道是被德國同學排擠了？ 156
雙語家庭 ♥ 該讓孩子先學好中文，還是外文？ 160
Extra 安媽咪情報站
德國小朋友的慶生會 111
德國孩童的電視習慣 119
愛騎車的德國孩子 127
兒童跳蚤市場 133
德國人的生育計畫 149
德國兒童健康檢查 155
移民子女的語言訓練 165

走．快樂上學去！ 167

一位難求 ♥ 過完三歲生日，安娜要上學去囉！ 168
幼稚園的一天 ♥ 不用「上課」的德國幼稚園孩童，在學校裡到底做些什麼？ 172
入學症候群 ♥ 知道嗎？孩子在幼稚園的半天，相當於成人上班八小時！ 180

便當盒♥帶一條香蕉到學校，竟然要用盒子來裝？ 186
戴著眼鏡上學去♥我從未料到，安娜的眼鏡效應竟會如此的單純和可愛。 190
秋千達人♥只玩秋千，這怎麼可以？當然可以，安娜玩給你看！ 194
安爸的大頭照♥從少管事的父母，一躍而成家長代表，看看安爸的心歷路程。 198
德國的傳統？♥德國人眼中，如何看待屬於進口文化的「萬聖節」呢？ 204
大野狼♥相信嗎？德國媽媽也會害怕大野狼！ 208
童年的學習♥孩子們整天只顧玩耍，不會太浪費時間了嗎？ 212
Extra 安媽咪情報站
教會幼稚園 179
出錢不如出力 203
上小學的年紀 219

面對過敏・讓我們一起成長 221

沒有親過的小臉蛋♥我從未想過，親親自己女兒的臉，竟會是種奢求！ 222
過敏原何處尋？♥就憑著鄰居間的一場緣份，我們找出了安娜的過敏原。 230
許我一球冰淇淋♥看著安娜幸福地舔著冰淇淋，我似乎不再奢求什麼了。 234
人間天使♥因為安娜，我終於相信人間天使的存在。 244
最好的藥劑♥父母快樂的心，永遠是孩子最好的藥劑。 252

Extra 安媽咪情報站

何謂異位性皮膚炎？ 228
異位性皮膚炎的照顧 229
幫助孩子了解自己的症狀 243
德國的魔法醫學——順勢療法 251

媽咪心情．二十五度晴 257

成功的蛋糕男 ♥ 我們捐的蛋糕，其實是出自安爸的巧手。 258
第一場電影 ♥ 下一次跟老公牽著手進電影院，將會是何時？ 262
洗碗機的啟示 ♥ 相信嗎？洗碗機將會是玫瑰戰爭的引爆點！ 268
海鮮麵 ♥ 緣份是追不到的，但幸福可以自己創造！ 272
「半」家庭主婦 ♥ 我總說我是半個主婦，並不是兼了什麼差，而是…… 276
媽媽的夢想 ♥ 身為媽媽的我，能有什麼夢想？ 282

與孩子成長在日耳曼

安媽咪序

最享受和孩子一起大笑的安媽咪
連看到毛毛蟲都會尖叫
愛吃甜食的小肚肚
至今仍對 HELLO KITTY 著迷不已

週六的早晨，是輕鬆的。

眼睛還沒睜開，總能聽見孩子與安爸傳來的談笑聲。只是今天不太一樣，怎麼靜悄悄的，連尼克的大嗓門都不見了？好奇的我跳下床，走到客廳晃了晃，一個人影也沒有。突然，廚房傳出了安娜的嘻笑聲，「達—達—達—」，咦，怎麼有電動螺絲起子機的聲音！我推開廚房的門，見到安爸和二個孩子正圍在牆上的小櫥櫃前，而櫥櫃下方，掛著一台嶄新的「廚房式收音機」（固定於櫥櫃底部的一種收音機，可說是德國的「傳統廚具」）。安爸左調右調，好不容易轉出了熱舞的旋律，便興奮地聞雞起舞！看著安娜搖擺著身子，連不怎麼愛跳舞的尼克竟也扭動起身體，原本睡眼惺忪的我，馬上也手舞足蹈了起來！

習俗與文化總是這麼奇妙。就如廚房裡擺台收音機，對我而言是件完全無法理解的事。煮個飯還聽什麼音樂？我當初還手持反對牌。回想起以前阿嬤的廚房，總是充滿抽油煙機的轟隆聲，再怎樣也無法與「音樂」沾上任何的邊。不過，視廚房為自己地盤的安爸堅持安裝後，我才發現，原來在廚房裡聽聽廣播或音樂，還真是個享受呢！

這又是一個異鄉生活的新體驗。即使在德國已待上了十多年，自己的許多觀念和想法卻仍改變不了。尤其成為母親後，以一位外

國媽媽的角度面對德國，文化上的衝突點愈加明顯。同樣是關心孩子的發展，在某些事物及觀念上，我和德國媽媽們卻存在著不少差異。例如台灣孩子九點前上床也算是正常的，但德國小朋友七點甚至六點半早已熄燈；總愛幫孩子們穿衣穿鞋的我，見到了同齡的德國小朋友早已自己動手來，才知道原來德國媽媽是用無限的耐心換來這一切。而看著孩子玩了整身的泥巴，我不算是有潔癖的人都已受不了，德國媽媽們卻個個處之泰然，還笑著跟我說：「瞧！他們玩得真高興呢！」

當台灣孩子除了上學也參加許多才藝班的同時，德國約有四分之三的幼稚園孩子（三至六歲）只上半天班。而下午，即使德國家長也替孩子安排才藝課程，卻只有極少數的媽媽會將時間全花在這方面。因為，才藝班對許多德國家長而言，只是讓孩子有個額外的活動機會，並非認真要學個什麼特殊的專長。孩子們的下午，主要是與其他同學約訪的專屬時間。再不然，親子一塊兒上個圖書館，或待在游泳池畔玩水曬太陽，也能算是「充足又豐富」的安排。

面對因文化與環境所形成的不同觀念和教養方式，我和安爸都清楚，我們不需全盤接受，但卻可以成為另一種選擇與參考。雖然身處於週遭無本國親友的環境，的確處處不便，但相對的，我們在教養等方面卻能有較多的思考空間。而安娜的持續性過敏，雖

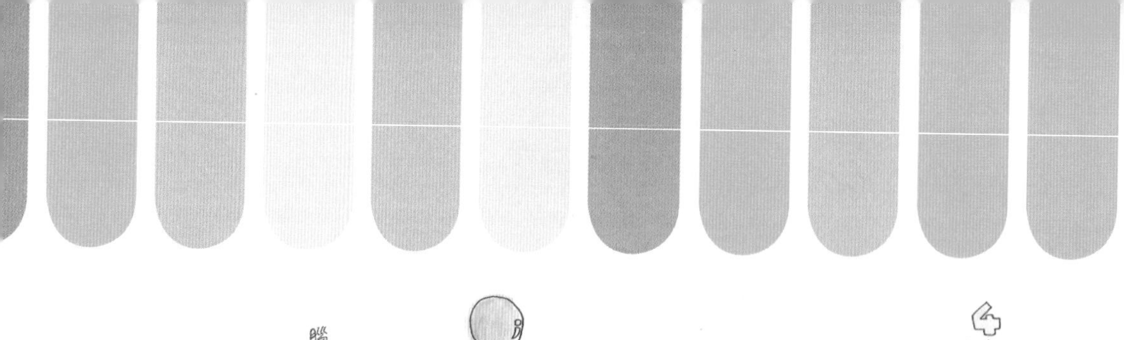

然帶給我們壓力與煩惱，卻也讓我們因此學習到了，適時地檢視對待彼此以及面對孩子的態度，對於一個家庭是多麼地重要。

這四年半裡，看著孩子一尺一寸長大的同時，自己也跟著成長了不少。學習到的，不只是如何面對安娜的過敏，或怎麼應付愛挑食的尼克。我們也學到了，放下大人的身段，蹲下來與孩子看世界，並用孩子的速度，陪伴他們慢慢前進——而這也是我們最珍貴的收獲。

半年多來，尤其是近幾個月，我利用了週末、晚間以及白天的零碎時間，陸陸續續將圖稿完成。然而，若沒有安爸特意拉開孩子給我個寧靜的下午（運氣好可完成一篇文章），若不是尼克乖乖地自己玩拼圖或看本書（爬個二行字也行），若安娜也沒那麼熱愛繪圖的話（許多作品都出自安娜喔！），這本書是無法順利完成的。

想特別一提的是安娜的畫作。雖然，我是個愛塗鴉的媽媽，卻很少刻意教孩子怎麼畫畫。我喜歡女兒用自己的方式表達心中的花朵和房子。我想，經由她手眼創造出來的，才是最自然、對她也是最有價值的一種經驗。而安娜似乎比我更有畫圖慾，每早一起床，便自動坐在書桌前埋首圖中。也多虧了安娜的勤奮，讓她的畫作豐富了這本書！

德國因為環境以及社會型態的演變，在教育及兒童福利方面，正處於轉型期。我無法預測，種種的新學制與新措施對於德國家庭及孩子會帶來哪種程度的改觀及影響。但實際深入接觸許多德國家庭時，看到了不少值得我和安爸深思與借鏡的地方。當然，我也並非想以偏概全地告訴各位讀者，每一個德國家庭都是這樣的狀況。只想藉著我們生活經驗的呈現，帶給大家一點不同的思考方向。

撿石子，畫格子，丟石子，跳房子～

愛唱歌的姊姊

總是唱得比姊姊還要大聲

便當盒

陳翠伶

Dora Chen

安爸序

我享受

廚房的收音機
NEW
OH~YA!
HAPPY!
中午11點仍是一身睡衣的安媽
不管什麼音樂都只愛跳芭蕾
連不愛跳舞的尼克也動了起來
難得被拋下的小火車

我很享受下班回家進門的那一刻。安娜跳到我身上，尼克緊抱著我的腿，我摟著孩子的媽咪，大家笑成了一團！

我也享受週末的早晨。為尼克唸一本小火車的故事書，為安娜唸完一整篇的仙履奇緣，完全沒有時間的壓力！

我享受，待在花園的每一分鐘。讓尼克幫忙澆花，教安娜推著除草機，當然，我也得英雄救美地為孩子的媽咪趕走蜜蜂和蚊子。

我最享受的，是見到孩子們熟睡的小臉。因為只有此時，孩子的媽咪才終於有時間，可以和我靠在沙發聊聊，或陪我再鑽進廚房共享宵夜……

我享受，與我家人相處的每一時刻。我感謝，孩子的媽咪為這個家所做的一切。我知道，孩子會長大，人也會變老。比起將來看著照片、聽著孩子或另一伴訴說往事，我更想把握這些成為記憶中的每一分、每一秒。

安爸

Kevin

孩子，我永遠的寶貝

五秒鐘的愛

你願意摟摟孩子五秒鐘嗎？

我是一個普通的媽媽，耐心沒有多一點，脾氣沒有好一些。整天聽著孩子們吵吵鬧鬧的，也有受不了的時候。尤其晚餐前，孩子餓了也累了，大人的情緒也很容易莫名其妙地高漲。每天傍晚的做菜時分，似乎是一天中最難熬的時刻。

看看時鐘，唉，又四點多了。問問這二隻把客廳鬧得像戰場的小魔鬼，是否想聽小袋鼠的故事ＣＤ？跳在沙發上、早已滿頭大汗的安娜和尼克，馬上齊聲歡呼著：「要！要！要！」向來，我家這二個孩子聽故事時，是他們最安靜的時刻。尤其小袋鼠的ＣＤ一放，整整五十分鐘喔，安娜就像被釘在椅子上，邊聽邊乖乖畫圖剪貼，而平時像隻蟲跳來跳去的尼克，也可以搖身變成小書生，一個人安靜地坐在書櫃前翻著書、聽故事。

就在他們各就各位，也進入了狀況後，我馬上跳進廚房。因為我非常清楚，至少在這半個小時內，是可以不受打擾地專心工作。除了廚事，還得處理一批快洗好的衣服！立刻，我打開冰箱，拿出需要的食材，接著洗米煮飯。就在我削完蘿蔔，正細切到一半時，聽到廚房的門「咿—哎—」地被開啟了。

「完了！」雖然知道工作將被打斷，不過通常進來的幾乎是預料中的老二尼克。其實尼克並不是沒耐心把故事聽完，只是若他很餓了、想上廁所，或遇到非得找媽才能解決的問題時，他才會拚

死拚活地過來找娘。「媽媽，我餓了！」感覺尼克的眼光直接掃到了砧板，我取出盤子，抓了把紅蘿蔔遞給他：「哪，去餐桌上坐好吃。」

接著，加點油、放點蒜、把肉先炒了起來。輪到炒甜椒，我隨手又開了另一個爐，準備加熱那鍋昨夜安爸熬好的牛骨湯時，卻又聽見門把傳出了聲音。「準備開飯囉！」我大聲地預告著。只是，一臉疲倦的尼克仍走了進來，抱著我的腿嚷道：「媽媽，抱抱啦～」而我，一手握著鏟子、另一手正調整湯鍋的位置，用著不耐煩的口吻唸著：「等等好不好？」正準備想快速把甜椒炒完，尼克卻大叫了起來。

「媽媽！抱抱！」

「等等！我快炒好了！」

「媽媽，抱抱啦～～～」

「不要吵，等下就可以吃了！」

「我不要吃飯，我要抱抱！」

生氣的尼克扯著我的褲管，而剛好想拿盤子的我，轉身時不小心推到他，「碰！」的一聲，尼克撞到了後面的矮櫃，嚎啕大哭了起來。此時，正如許多媽咪熟悉的，我不得不放下手邊的工作，蹲下來安撫他……

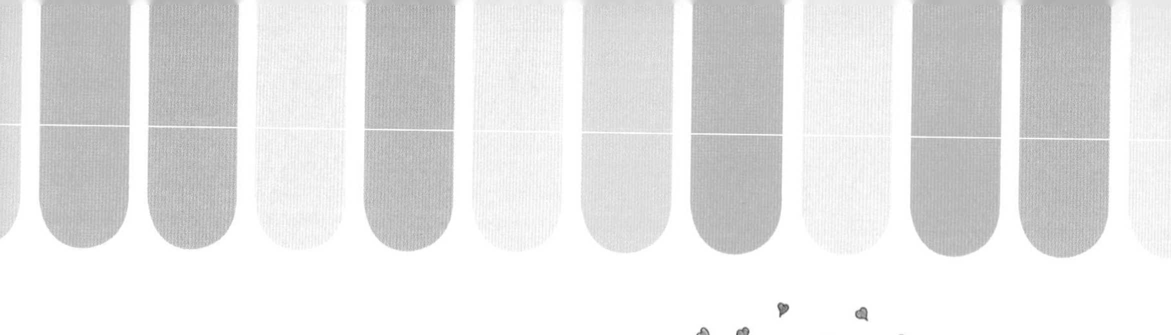

這是尼克剛滿二歲的狀況，如今回想起來，仍歷歷在目。

今天，晚餐前的那個小時，我依然放著故事CD。只是最近這個月來，他們迷的不再是台灣的小袋鼠，而是德國的雷歐小老鼠（Leo Lausemaus）。一如以往，當姊弟倆開始沉浸於故事中，我馬上跳進了廚房，抓緊時間洗米煮飯。聽見門把傳來聲音時，我依然會預告孩子一聲：「準備開飯囉！」

不過現在，當這位快三歲的尼克要求我抱抱時，我會主動將平底鍋暫時移開爐子，蹲下來摟著他說：「累了喔？那等下吃完飯就可以講故事睡覺囉…寶貝乖喔…媽媽馬上煮好啦……」親了一下後我放開手，他笑咪咪地跑回客廳，直到開飯前，沒再來廚房打擾過我。

「這麼神奇喔？」

「那妳小孩都不哭了嗎？」

「我就是沒那耐心還蹲下來抱他說……」

當我開始向幾位媽咪提到這「五秒鐘的抱抱」時，大家都覺得很不可思議，以為我家天下太平了。當然，天下太平是不可能，孩子正是要吵要鬧也才能長大。只是我發現，某些時候，尼克確實只想要人摟抱一下，而安娜有時也只想依偎在我們懷裡撒個嬌。

⊙安媽咪．安靜想⊙

一位朋友來家裡坐客，見到我菜炒到一半還蹲下來抱尼克，覺得超級不可思議。她跟我說，這樣的畫面好溫馨。而當時的我，心裡卻掛念著那鍋菜可別燒焦了才好！直到有天，一位媽媽帶著她可愛的雙胞胎來我們家小住，我非常驚喜地在他們身上也發現了「五秒鐘的抱抱」。當她摟著兒子從一數到五時，我終於了解朋友曾提過的那份感覺，因為眼前出現的，是一幅充滿愛與幸福的畫面！無論從一數到五，或者靜靜地享受這短短的幾秒鐘，摟一下孩子細小的身軀、親一下胖嘟嘟的臉蛋、看著寶貝的眼睛說我愛你，總是能創造出意想不到的奇蹟。

根本不需五分鐘，用五秒鐘抱抱尼克、捧捧安娜的小臉蛋、或者蹲下來摸摸他們的大頭說「寶貝你做的好棒」……如此簡單的小動作，卻經常被許多身旁我認為「更重要」的事而忽略了。

我忘了我是怎麼發現如此好用的「五秒抱抱」，不過確定是從尼克滿二歲後，時常要求我抱才養成的習慣。而抱了好一陣子後也漸漸意識到，孩子是能夠感受到自己內心的感覺。若用平靜的心去對待，他們也容易恢復平靜。不僅如此，在這短短的幾秒鐘裡，似乎也是讓自己的情緒休息片刻的時候。有時，我甚至「自願」摟抱孩子五分鐘、甚至十分鐘之久。就像某次，菜炒到一半，我不知那根神經不對，索性熄了火，抱著尼克讀完一本PIXI（德國一種迷你兒童掌中書）。我一直記得，那天晚上，尼克睡得好香好甜。而我的心，也像充了電似的，飽飽又暖暖的！

我愛老大多一點嗎？

我愛誰比較多呢？老大？還是老二？

上個月在西班牙度假時，我總算找到了時間與女兒好好獨處一番。

還記得那天中午，安爸和尼克午睡時，我和精神仍很抖擻的安娜，坐在花園裡享受陽光、吹著泡泡。隨後，便帶著她一起出門散散步。

「媽媽，只有我們（二個人）耶！」安娜笑咪咪地望著我。

這樣的時刻，是很難得的。因為，大白天可以和寶貝女兒獨自散個步，又無時間壓力，是多麼地享受！我牽著她的手，心是完全放鬆的。至少今天，我不需顧及大的小的一前一後，也不需匆忙地到處奔波趕路。在低頭望著女兒笑咪咪的臉龐時，我不知不覺想起以往挺著大肚子，牽著走路還搖搖晃晃的安娜在公園散步的那段日子。

「媽媽，這是不是我們的祕密啊？」安娜邊走邊小聲地問我。

「是啊，這是我們的小祕密喔！」我也故作神秘地輕聲回答她。

四歲半的安娜，最近老喜歡把「祕密」掛在嘴邊。雖然，她總會將「祕密」告訴所有的人。不過這天，她將我們母女一塊兒散個步也解讀成「祕密」，或許是因為與媽咪單獨行動的機會真的很少，因此對她而言，也是種不可奢求的願望吧！就如後來安爸休

假的那幾天，由我單獨送安娜上學時，她也覺得是件非常不得了的大事，還一直問我，何時可以再與我單獨出門？

早在尼克出生前，我和安爸便常無聊地猜想著，以後我們會愛老大多一點，還是較寵老二？尼克出生後，我們偶爾也不忘私下玩笑著，今天誰比較愛安娜，誰又心偏了尼克！

父母對兒女的愛，是很微妙的。直到今天，我還是說不出我到底比較偏愛誰，這可是實話實說喔，因為他倆都是我最心愛的寶貝！但對於老大，或許我們育兒的經驗和問題，大多都由她而啟，因此淺意識裡，難免較關注她的各項發展。我很慶幸，在老二出生前已和安爸討論過這個問題，彼此間也有了共識，因此我們便時常留意對孩子的態度，以及孩子對我們的反應。

只是對待兩個孩子，父母要公平處理，不是件容易的事。尤其他倆年齡差距並不大（一歲七個月），而且都還是小小孩，無法在任何事情上一視同仁。我承認，在尼克滿二歲前，每每孩子起了爭執，我們或多或少會要求老大稍做讓步。

不過要求老大讓步這件事，隨著尼克的成長，我們也逐漸調整中。當尼克滿二歲前，我們已嚴格要求他，不可隨意干涉其他人的活動。現在尼克快滿三歲了，他已經和姊姊一樣，必需遵守相同的禮數和規定，例如自己玩的玩具一定要自己收拾。相反地，安娜雖然年長，也有學校的經驗，卻偶爾仍會搶弟弟的玩具，尤其最近似乎變得更加調皮。曾經看了教育書的理論是，四歲的孩子總愛對家中弟妹作出這種行為，但純粹只是覺得有趣。不過在我們的視線範圍內，我們還是會請她尊重弟弟，就像我們要求弟弟尊重她一樣。

之前看過一部關於單親媽媽的故事影集，其中有段對話令我印象深刻。這位母親有二個女兒，老大十二歲，老二才三歲。由於她仍需較照顧小女兒，因此忽略了其實也需要關心的大女兒。當母親與大女兒起了衝突後說：「妳要知道，我愛妳比愛妳妹妹多了整整十年！」沒想到大女兒卻馬上反駁：「難道妳多愛我這十年，現在就不用關心我了嗎？」

當時懷第一胎的我，聽到這段對話時只有一個感想：若要生第二胎，最好可別隔十年呀！但有了二個孩子後又看到重播時，感慨就很深了。連十二歲大的孩子都會有這種想法，可見孩子始終是孩子，無論他是三歲、五歲或十五歲！因此每當我準備責備老大時，那段母女的對話便自然地浮現在我腦海裡。

但要讓孩子覺得父母不偏心，父母也覺得心不偏哪個孩子，光是表現在解決孩子間的衝突時刻，仍是不夠的。每晚在孩子上床

⊙安媽咪・安靜想⊙

孩子的感受是很敏銳的。雖然安娜在西班牙度假期間，得到媽咪我較多的注意力，但也不忘主動向爸爸要求相處的機會。例如她會特別提醒安爸，回德國後別要帶她去騎單車，或早餐時也會撒嬌向**Papa**要求再多唸個故事。至於原本超黏媽咪的尼克，或許在度假期間和爸爸擁有較密集的男人時間，之後便常主動找老爸玩了。尤其這二個禮拜，尼克一起床，比較不會先來找媽，而是會先搖醒爸爸說：「**Papa! Ich möchte Pipi machen!**（把拔，我要尿尿）」而目前每週日的父子晨泳，總是尼克最期待也最享受的時刻。

媽媽帶我和弟弟去吃冰淇淋，
媽媽的冰淇淋最大，
我的比較小。
但弟弟不喜歡這種冰淇淋，
所以他只吃甜筒呦！

前，我和安爸盡量挪出點時間，一對一陪伴孩子，讓他們有時間單獨跟爸爸撒撒嬌，或在媽咪懷裡講悄悄話的時刻。因為在這種相處中，孩子們才能真正地直接感受到：「媽咪或爸比有在聽我說話喔！他們真的有在關心我、注意我喔！」雖然，是不曉得孩子心裡的真正想法，但希望透過這種一對一的親子獨處，讓他們都能感受到我們同等的關心與愛。

安媽咪情報站

德國教養專家——薩芳克

懷老二時，我們時常收看薩芳克（Katharina Saalfrank）主持的〈超級保母〉（Die Super Nanny）——針對家庭教養問題的實例秀。這位教育出身的名主持人薩芳克，因此節目而聲名大噪，甚至榮獲了2007年之德國電視獎。在此暫不論節目中是否有特殊的戲劇效果，每次見到薩芳克針對各種教養狀況，用最簡單的方式，來解決最困難的問題，總令人十足佩服。

家中孩子們吵吵鬧鬧，是極為正常的現象。只是，德國某些家庭裡，或許因親子互動嚴重不足，導致孩子們為獲取注意力，做出一些讓父母不解的負面行為。在薩芳克主持的節目裡，她幫助了許多家庭，不僅讓父母和孩子們重新找回自己，也重新認識對方。許多孩子在行為方面，也因此有了一百八十度的大轉變。

無論走進哪個家庭，薩芳克始終強調「親子獨處」的重要性。她時常建議家長和孩子，每週安排個固定單獨相處的機會。找個下午，或一、二個小時也好，讓孩子有個與父親或母親完全獨處的親子時間。因為唯有在獨處時間裡，雙方才能靜下心來，重新面對彼此的關係。

自2004年開始播出的〈超級保母〉，廣受德國家庭的喜愛。在專屬的電視台網站上亦能收看之前的節目。

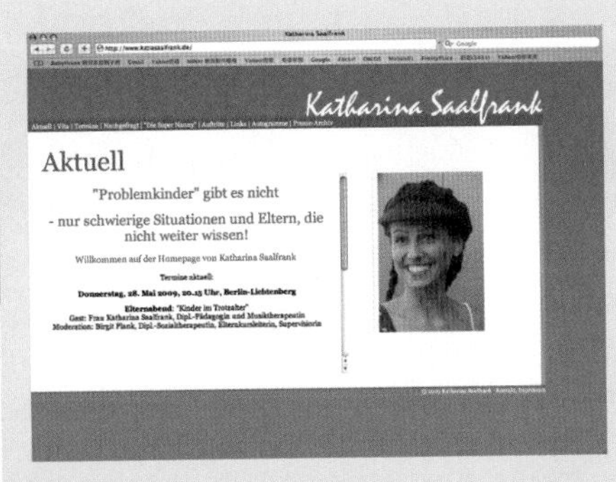

薩芳克官方網站的首頁標題即為：「沒有問題兒童，只有困惑而不知所措的父母」。教育出身的她，除了主持電視節目〈超級保母〉外，也開辦許多教養講座。

看不見的遊戲

可別小看孩子，他們可是默劇高手呢！

許多孩子玩起「看不見的遊戲」時，大人總是慢了半拍。

我還記得，安娜剛滿週歲的某天，突然用小手指從地上撿起了什麼拿給我，並對我說著：「媽媽，個個！」粗心的我看了看她的手，發現什麼東西也沒有，還一時擔心她把東西給吞下了肚！直到安娜有次又將「看不到的東西」遞給我時，見她咯咯笑了起來，我才恍然大悟，原來她正跟我玩著「看不見的遊戲」呢！

比起姊姊，弟弟尼克的一舉一動，似乎就沒有這麼引起我關注和詳細記錄了。我完全不記得，尼克何時開始跟我玩起這種遊戲。但對於他可以隨時隨地馬上投入一場「看不見的遊戲」，卻總讓我印象深刻。

安娜四歲生日的前幾天，我帶尼克去書局，打算買二本故事書和一只莉莉菲花仙女的小戒指，當做生日禮物的「開胃菜」（就是生日當天早上，她起床後馬上可以打開的小禮物）。沒想到才跟尼克走進書局，我連書都還沒翻，他便走來走去、動個不停。接著，不知為何，尼克興奮地到處跑跳，甚至將書局窄小的通道當百米跑道似地，衝來衝去！

見他如此坐立不安，我馬上挑了本他最喜愛的《大象艾瑪》，要他乖乖坐下。只是這位少爺那天似乎特別好動，不到五分鐘又開

想像著和氣球一起高飛的尼克。

弟弟很喜歡湯瑪士和氣球。
因為弟弟快要生日了，
所以我畫了一輛小火車送給他，
你看，
我也畫了好多愛心氣球在火車上面呦！

⊙安媽咪・安靜想⊙

我真的不知道，為何尼克對氣球如此著迷。每每見到商家提供免費的氣球，尼克總是搶第一地跑去排隊。要是在街上看到手機店，未滿三歲的他已知道要走進去（我們可沒教他）。後來發現，原來大部分的店長叔叔在櫃台後都放有一堆氣球呢！奇怪的是，尼克拿到氣球後，卻總愛放開手，任氣球飛向天空！自從我知道尼克喜歡玩這種「看不見的遊戲」，每當他無聊或煩燥時，便和他玩個一場。這天在書局，目睹到尼克望著天花板的興奮表情，我想，或許這正是全職媽媽最享受的時刻吧！

始東摸西摸。就在我好不容易選好了給安娜的小禮物，拖著尼克到櫃台結帳時，他忽然發現了櫃台有一張畫滿各種顏色氣球的卡片。接著，拚命又用力地，他伸出手想去拿取，我立刻提醒他可別亂碰，否則會折壞的（偷瞄卡片的標價，那張小卡竟也要三歐元！）。老板娘看到了，很大方地將卡片抽出來說要送他，沒想到尼克卻大聲叫著：「Nein!Da!」意思是，請老板娘將卡片放回原處。

剛開始我和老板娘一樣納悶，但不一會兒，我領悟到他想要什麼了！我伸出手指，假裝從卡片上取出一顆氣球遞給了尼克：「小心，接住喔！」沒想到尼克立刻高興地將氣球接了過去，並很有禮貌跟我說了聲謝謝。之後，他拿著氣球走了幾步，突然把手放開，抬起頭，並把手伸得高高直直地指著天花板：「媽媽，妳看！紫色的氣球飛到天空了！哇，好漂亮喔～」

老板娘呆呆地看著我又望著他，忍不住問我他說了些什麼。我用德文跟她解釋之後，老板娘哈哈大笑了起來。後來，當老板娘再次將卡片取出想送給尼克時，這小子又馬上大喊：「Nein！」（不！）於是，卡片又再次被乖乖地插回了原處，而老板娘也很配合地跟他說：「下次歡迎你再來玩氣球喔！」只見尼克一臉笑咪咪的，用他慣有的大嗓門回答聲「好！」，便快樂地跟老板娘說拜拜。

水果熊的秘密

只要提到水果熊，安娜便會掏心掏肺地把所有的秘密告訴我……

每晚睡前，我和安娜都有一段母女獨處的時間。

在正式送她上床時，我們喜歡一起將棉被鋪得平平的。滿臉倦意的她一鑽進被窩，我便捧著她可愛的小臉，上啾下啾左啾右啾，最後再親一下小鼻子和小嘴巴。然後，安娜會伸出雙手摟著我的脖子，給我一個大大的晚安之吻，並對我說：

「媽媽，說一個水果熊的祕密嘛……」

水果熊的祕密，其實是我無意間發展出的一個故事。幾乎每天晚上，我都會和安娜講一個水果熊的祕密，也就是水果熊當天發生的事。而這些故事，其實都是安娜本身的故事。奇妙的地方在於，安娜一點也不介意，反而喜歡跟著我一搭一唱，把她的煩惱和快樂慢慢說給我聽。

回想起來，第一次對她說水果熊的祕密，似乎是一年多前，她剛開始上幼稚園的那段日子。不過印象最深的，還是去年秋天開學前，我用水果熊幫她做了上學前的「心理準備」。

其實，安娜是個很愛上學的孩子。在學校的第一年，她交了許多朋友。因為期待著與同學朋友們見面，於是每早只要安娜一起床，總能聽見她高興的大喊：「媽媽，快點快點，我要去上學了！」不過她的動作很慢、又愛拖拖拉拉，好不容易吃完早餐、上完廁所、刷完牙洗完臉，往往已經過了一個小時。不過安娜拖歸拖，口裡卻總唸著：「我要去Kindergarten了！」然後在客廳跳來跳去、並高歌一些從幼稚園學來的兒歌或繞口令，總之，上學前她的心情總是可以high到不行。

經過四個禮拜的暑假，要恢復原來的作息，總是需要點適應期。不過最主要的還是，這學期開始，安娜班上換了一位新老師。

安娜喜愛的水果熊，可不是一般的熊，而是北極熊呢！在她房間裡，就貼著北極熊寶寶雪花（Flocke，2008年於德國紐倫堡動物園出生）的海報。每晚，雪花和水果熊布偶都陪伴著安娜，一起做個充滿冰淇淋和甜甜圈的好夢！

「妳知道嗎？水果熊快要去上學囉。他在這個暑假，去了好多地方玩，也跟好多的朋友一起旅行。不過現在暑假過了，水果熊要準備上學去了……」不等我把故事講完，安娜馬上插著嘴：

「媽媽，水果熊的老師不會在學校了，她在另外一個地方工作了……」

「嗯嗯，對，他以前的老師不會留在學校了。可是水果熊的班上會來一個新的老師喔。」我順水推舟地繼續說。

「媽媽，可是我不想要新老師！」安娜突然皺起了眉頭。

「嗯……我跟妳說喔，水果熊剛開始也不太喜歡換新老師。不過他去上學後，發現新老師會教他們新的遊戲，也會教他們唱新的歌！而且到了學校，他又可以跟許多朋友一起玩，像是蘋果熊、草莓熊、香蕉熊、水蜜桃熊……」

聽到水蜜桃熊，不知為何，安娜突然高興地喊著：「媽媽，水果熊最喜歡水蜜桃熊了！」

「為什麼？」

「因為，水蜜桃熊是水果熊的新朋友呀！」

⊙安媽咪・安靜想⊙

安娜出生後，我和安爸在睡前都喜歡跟她說說今天做了些什麼事。漸漸的，睡前的小聊便成為我們每晚的例行公事。不知何時起，「水果熊」進入了我們的晚安時間，後來，更成為母女倆的話題主角了。有朋友聽了我們的水果熊故事，覺得是一種很棒的親子互動。但老實說，每天晚上我提起水果熊，純粹只是想跟安娜說說話而已。這一切並不特別為了什麼，只覺得，能跟孩子安靜地聊聊，感覺真的很好！

就是這麼無厘頭地，我們聊了好幾夜，幾乎都是差不多的內容。

終於到了開學的那天。早晨，站在門口等爹地的安娜，一臉不安地望著我。看著在她眼眶裡的淚珠，似乎下一秒鐘就會全部滾落出來，我馬上蹲下抱著她，並在她耳旁小聲提醒道，別忘囉，今天可以見到水蜜桃熊喔！

「水蜜桃熊！真的嗎？！」

一聽見水蜜桃熊便雙眼發亮的安娜，好像被我施了魔法似的，不但馬上恢復了以往上學的朝氣，還催促著安爸快、快、快，快點帶她上學去！

那天晚上，安娜一鑽進被子，沒等我開口，自己已報告起「安娜熊」今天在學校的一切了：「媽媽，今天水果熊有跟水蜜桃熊玩喔！而且水蜜桃熊跟他們玩了好多的遊戲，還有唱一首新的歌呦……」聽著安娜眉飛色舞地談著水蜜桃熊，我心想，真不錯，看來她今天跟新老師處得很好呢！只是，搞了半天才發現，原來她口中的水蜜桃熊並不是新的班級導師（新老師第二週才報到），而是另一位新來的助理姊姊！

安娜學校教室的窗戶。每個月小朋友可以輪流提議自己喜愛的動物，由老師帶領一起製作。今年年初輪到安娜提議，於是大家剪貼了北極熊並將作品貼在窗上。

安媽咪
情報站

最受歡迎的可妮（Conni）故事書

德國兒童書籍的種類與型式，雖然不多，但許多深受孩子喜愛的系列故事，卻總能幫助家長解決許多生活及教養方面的困難。其中最受歡迎，也是許多德國孩子們在二、三歲前一定會認識的，便是可妮系列圖書。

早在小朋友進幼稚園前，爺爺奶奶便準備了《可妮上幼稚園》，作為入學前的小禮物。當全家去農場度假時，媽咪也特地買了一本《可妮遊農場》。孩子們打算開始學游泳，小書櫃裡自然會出現這本《可妮學游泳》。而家中若有小寶寶誕生，準哥姊們絕對會收到《可妮和寶寶》。到了聖誕節，《可妮烤聖誕餅乾》的小禮盒，總是最受歡迎的禮物之一，因為除了故事書，禮盒內還附有小圍裙和餅乾模，這足已讓小小的可妮迷高興萬分了！

可妮系列一共分三個階段：三至六歲、六歲至十歲以及十歲以上。針對不同年齡層，可妮陪伴著孩子們，一起經歷各種成長階段所遇到的問題。有趣的是，可妮系列並不是小女孩的專屬喔，許多德國男孩也是看Conni長大的！不過針對小男生們特別的興趣，也有所謂的馬克思（Max）系列。無論馬克思或可妮，總是不少德國父母的救星。就如之前的安娜，或許就是讀了數百遍的《可妮上幼稚園》，才會願意乖乖地上學去吧！

書店中的可妮專櫃，有不同年齡層的可妮故事書。每次安娜經過這兒，就像磁鐵一樣被牢牢地吸住。

安娜的第一本可妮書《可妮上幼稚園》，還有讀了千百遍的《可妮遊農場》。可妮書系列有大小不同的型式，也有作成PIXI式的迷你掌中書。

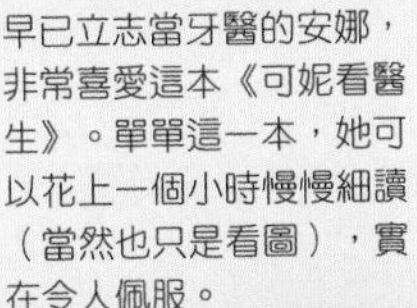

早已立志當牙醫的安娜，非常喜愛這本《可妮看醫生》。單單這一本，她可以花上一個小時慢慢細讀（當然也只是看圖），實在令人佩服。

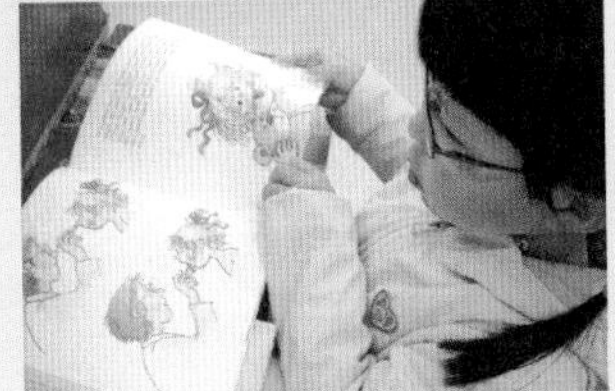

孩子，是自己的老師

把孩子當成老師，他會學得快又好！

陪安娜和尼克一起玩，我和孩子總能學到許多東西。

快滿三歲的尼克，最愛玩火車了。每早，在觀賞十分鐘的湯瑪士小火車節目後，便會拉出他的湯瑪士玩具箱，一個人「嘟嘟嘟」、「上車囉！下車囉！」地玩著。每次見到尼克推著火車自言自語，完全沉浸於自己的世界中，我是很享受的。有時，我甚至忍不住想插一腳，但卻總是忘了，孩子有自己的遊戲規則，而且通常與我們大人不太一樣。

有天，我在房間整理衣服，尼克在我腳旁堆積木。突然間，聽到他喃喃自語地「嘟嘟嘟」，低頭一看，見到他將積木排得長長的，並跟我說這是好長好長的火車。有時不玩積木，他便靜悄悄地坐在書桌前。我一直以為他像安娜一樣自己畫著圖，搞了半天才發現，尼克又在玩火車遊戲。他將短短的彩色筆一枝接一枝，套得好長好長，然後放在地上邊推邊唸著：「火車嘟嘟嘟，過山洞、過鐵橋……」

隔天，準備午餐時，我靈機一動，從小抽屜裡拿出了一大把的塑膠湯匙。當我才說了「火車嘟嘟嘟」，他便將湯匙搶去，在地上排成好長好長的一列。為了消磨時間，我說顏色一樣的車廂要排在一起，因為它們都是好朋友。立刻，尼克將顏色分開排列好。後來，他自己翻出了一堆鐵湯匙，也向我借了幾支木勺子，自動

愛湯瑪士愛到瘋狂的尼克，已經暗暗將十五種火車的名字背得滾瓜爛熟，甚至還會發出各種火車不同的鳴號聲。不過，我和安爸是看得霧沙沙，連湯瑪士和愛德華都還分不清！

將它們依材質做成了三列火車。於是，我便趁著這個機會跟他說明每列火車的材質，母子倆玩得不亦樂乎。

尼克因為喜歡火車，或說喜歡一切的交通工具，因此唸書時，只要故事書上有火車、公車、大卡車等字樣，我會特別指給他看。由於尼克時常看著安娜唸書，現在快滿三歲的他，也會學姊姊有模有樣地用手指頭按著文字朗讀著。見他對中文有這麼點興趣，我便開始從他喜愛的故事中，慢慢帶他認識簡單的文字。除了交通工具，他最喜愛的就是顏色和動物。因此「黑白紅綠」以及「小魚海狗」，便是他頭幾個認得的漢字。

這種方式，其實也是當初安娜學習中文的主要方法。當她聽熟了故事書的內容後，便自然地拿起書本，學著我那樣地朗誦。有一天，剛滿三歲的安娜，忽然認得了「媽媽」這個詞（安娜自己認出的第一個漢字）。接著，她又發現了「音和字可以對照起來」，於是更加深了她讀中文的樂趣。

知道安娜喜歡美勞，去年暑假，我索性藉由一起製作大海報，讓她接觸更多的中文詞彙。安娜愛畫水彩，我們便用水彩筆圖畫幾個中文字玩玩。而原本想拿來利用的一些國語課本和教材，最後全都被我暫留在抽屜了。因為，要求這位小小孩坐在書桌前，一字一句跟著學習，她還沒打瞌睡，我自己可能早已呼呼大睡了！

三歲半的安娜製作水果大海報。先讓安娜從超市的廣告單中剪出水果，我再將各水果的中文名稱寫在小紙條上，請她自己對照並黏貼在一起。最後請她排名出最喜愛的水果，並自己用數字寫上序號。

⊙安媽咪・安靜想⊙

不是什麼專家的我，時常被人誤會是看了某本超級育兒寶典，而擁有許多教導孩子的小點子。其實引導孩子的方法很簡單，就是放下身段，蹲下來和孩子一起看世界！讓孩子來帶領你，他想要什麼，他喜歡什麼，由此引導他去學習與嘗試。只要先了解自己的孩子，知道他的興趣與需求，自然便會發掘出許多教導孩子的好方法了！

孩子怎麼教？或是該教些什麼？這類的育兒書多到數不清。只是，每個孩子是不一樣的，每個媽媽也不同。理論很多，方法很多，但最重要的還是自己要花時間找出適合孩子的方式。往往，在與孩子互動的時刻，許多奇奇怪怪有趣的點子，就像爆米花那樣一個個蹦了出來！

知道尼克很愛色彩，於是讓尼克拿蠟筆描我的手，然後幫媽咪塗上彩色的指甲油。他玩得很高興，後來竟然直接用蠟筆在自己的指甲上塗顏色！

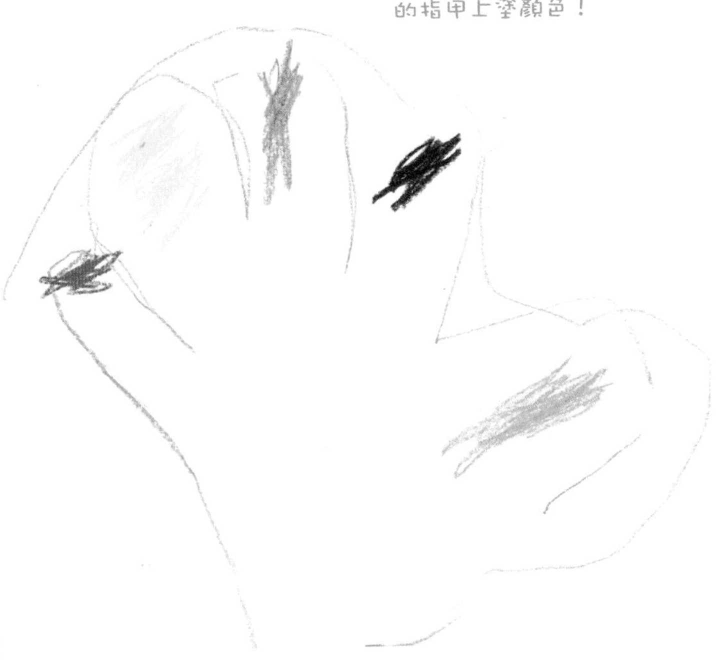

口紅膠冰棒

見到尼克人生中的第一份創作，我想我需要打強心劑！

再二個月就滿三歲的尼克，一直吵著想用姊姊的剪刀。

「不行，那很危險的……」

我話才說到一半，就覺得不對勁。算一算，他也快三歲了。記得安娜三歲前，我們已開始讓她使用一般的兒童剪刀。雖然之前只敢讓她拿塑膠剪刀，不過在參觀學校後發現，幼稚園的小朋友已都使用了一般的兒童剪刀，我們便放手讓安娜學著使用。

除了剪刀要跟姊姊一樣，尼克也吵著要自己用口紅膠剪貼。只是，尼克使用口紅膠的記錄向來不怎麼好。有一回，安娜正剪貼時，他突然將口紅膠搶走，把它塗在剪刀上，想要把剪刀黏起來。還有一回，他自己偷爬上櫃子取出口紅膠，等我發現時，遊戲桌的桌面已布滿一層不知該怎麼清理的膠糊！

或許尼克是老二的緣故，潛意識上總覺得他仍是個貝比，每次玩剪貼，我都先幫他黏好膠，才拿給他黏上。不過老二也是該長大的。而孩子長大就代表著，我們給他們的約束和規定，又得做一次調整。就像當初安娜三歲時，我們試著將約束放寬，現在面對尼克，也到了該重新調整的時候。於是我找了幾次機會，和尼克一起坐在桌前，教他使用口紅膠的正確方法。出乎我的意料，他做得比我預期的好。於是，我允許他隨時可以使用口紅膠做美勞

了。唯一的規則是，用完要把東西收好。

過了好一陣子，有天，他突然問我想不想吃他做的冰棒？當時的我沒想什麼，還高興地說好呀。見他走到遊戲桌，我以為他開始剪貼或畫圖。後來，當他笑嘻嘻地把他的「冰棒」遞給我，我嘴裡才剛喝的一口咖啡差點噴了出來。老天！這小子，竟然握著一支用彩色筆插著口紅膠的「口紅膠冰棒」？我傻眼地望著他，不知該稱讚他好棒好有創意呢？還是該責備他！

尼克最喜歡畫水彩了，因為可以玩到水！

⊙安媽咪・安靜想⊙

孩子永遠都是我們的小寶貝。只是，孩子會長大的。對三歲的尼克，我仍常常習慣像對一歲半的baby那樣待他，而面對四歲半的安娜，難免也會像對三歲的尼克那樣，不知覺地約束著她。在自己帶孩子的這四、五年裡，可以感受到他們每一階段的成長，是有多麼的不同。但往往，在希望孩子能更懂事更守規矩的同時，我卻時常忽略了對他們的自由和權限，也應該按年齡適時地放寬與調整。而該放多寬，給予多少自由，光看書上講的絕對不夠。最準確的還是我們自己心中的那把尺。畢竟每個孩子的成熟度和經驗不同，需要的仍是不一樣的準則。

孩子的行為總是讓人無法預測。就像是四歲的安娜，也曾為了讓洋娃娃戴上她做的紙皇冠，而用口紅膠把紙皇冠直接黏在娃娃的額頭上。只是望著那支「口紅膠冰棒」，又看著尼克純真的黑眼珠，唉！再怎麼樣我也知道，至少他是很努力把彩色筆硬鑽進膠棒裡。於是，嚥下了那口咖啡後，我仍歡喜地把這支專為媽咪製作的「口紅膠冰棒」接了過來，並付了他五塊歐元，然後大口大口地享受著。不過遊戲結束後，我帶著尼克一起把他偉大的作品拆開，並跟他再次解釋口紅膠與彩色筆的功能，也對他強調它們不是玩具。接著，我請他自己將那枝可憐的彩色筆丟進垃圾筒。至於已爛到不行的口紅膠，我仍要他找出蓋子蓋上，並放回櫃子裡。

沒錯，我是不相信，尼克從此就會乖乖地使用口紅膠。我也已開始期待他下個「作品」的出現。不過，孩子的行為，總是需要我們父母一次又一次地重複提醒與糾正。畢竟，這也是孩子成長過程的一部分。只要不是危險或具有傷害性，我想，我還是會要求自己的心臟強一點，多給他們一些探索的空間！

媽媽，妳不愛我了嗎？

四歲半的安娜，對「愛」有另一種詮釋。

我完全不記得，是否曾跟父母說過「我愛你」。

我記得安娜第一次對我說「我愛你」，是因為看了故事書介紹母親節而背誦出來的：「媽媽，我愛妳。母親節快樂！」。當時才二歲多的她，搞不清楚什麼是母親節，但似乎已了解「我愛你」的含意。因此每當可愛的安娜跟我撒嬌時，總是會冒出這麼一長串的「媽媽，我愛妳。母親節快樂！」，只為了表達她是真的真的很愛媽咪，即使那天根本不是母親節。

倒是尼克，第一次聽到他說「我愛你」，是有點突兀卻令我感動的。忘了是怎樣的狀況。只記得我坐在桌前，二歲三個月的尼克突然跑過來緊抱我，然後抬起頭一個字一個字的慢慢說：「媽媽，我愛妳。」

在孩子出生前，我和大部分東方人一樣，對於「我愛你」這句話是極為保守的。雖然我知道在許多西方家庭裡，時常會如此來表達自己和孩子間的情感。只是我和安爸的家人間並不常這麼做。因此孩子出生後，我也無特意教孩子說出這三個字。直到安娜開了首例，逼著我們說「我愛妳」，這句話才時常出現在我們口中。

在情感方面似乎滿早熟的安娜，極早就會使用語言或行為表達她

這是媽媽和我們的家，
還有我們家的花。

對爹娘的愛。因此，每每她跟我說「我愛妳」時，也總會希望我也如此回答她。若我一時忙著，無法立刻回覆或做出任何反應，這位小女孩便會馬上用受了傷的可愛表情問我：「媽媽，妳不愛我了嗎？」

原來她對愛的定義是這樣的。她告訴我，如果我生氣，就是因為不太愛她，才會生氣的。因此每當我對她有所要求，尤其是她不喜歡的事，例如把牛奶喝完啦、玩具要收好啦、回家進門後一定要先用肥皂洗手啦，她便會用難過的神情問我：「媽媽，妳是不是不愛我了？」即使我對天對地發誓，我可是用極溫柔的語氣，去請求這位公主做完她應該做的事（當然我也承認，偶爾，真的是偶爾，也會用「後母般」的口吻……）。

有好幾次，趁著我心情好時，安娜會特地走過來對我說：

「媽媽，妳現在不生氣了嗎？那妳很愛我喔！」
「我當然愛啊！怎麼不愛呢？」
「媽媽，那妳生氣的時候，是不是不愛我了？」
「怎麼會？媽媽生氣時，也是很愛妳的！媽媽不生氣，也是很愛妳啊！」

反反覆覆，重複了又重複，強調了不知多少次，我說，無論媽媽

四歲的女孩可說是個超級演員，開心大笑的下一秒，馬上可以裝出一副委屈的表情。不過看在爹娘的眼裡，自己女兒無論什麼表情都很可愛。

⊙安媽咪・安靜想⊙

經過安娜的「訓練」，我們口中也時常掛著「我愛你」。尤其是安娜，總是很喜歡聽我們這麼對她說。她更喜歡的是，被我們摟抱得緊緊的，靜靜聽這三個字從我們口中慢慢說出。當然，表達情感的方法絕對不只是說出「我愛你」而已。只要用孩子喜歡的方式去表達，讓他能接受到你想傳達的訊息，無論是「我愛你」、「我的乖寶貝」、還是一個大大的擁抱，都是能讓孩子心滿意足的愛之語！

是否生氣，永遠是愛她的！只是這小小腦袋似乎存在著不知什麼樣的疑惑，對這問題始終不明白。某次她發脾氣，冒出這句話：「媽媽，我生氣了，我不愛妳了！」我馬上告訴她：

「沒關係，媽媽還是很愛妳的！」

「可是我在生氣，我不愛妳啦！」她用慣有的高音再次強調。

「真的嗎？可是媽媽生氣時，也一樣是愛妳的啊！」

一臉莫名其妙的安娜，呆呆的望著我，似乎忘了她正在生氣，突然開始跟我討論起這個問題。此時，我馬上請她好好想想，現在生了氣就真的不愛媽咪了嗎？而幾天後，她也有了答案。

那天，安娜又生氣了，我於是趕緊問她，現在生氣時會不會還愛著媽媽。沒想到嘟著嘴的安娜瞪了我一眼，用著嚴肅的口吻對我說：

「媽媽，如果我只有一點生氣時，我就很愛你。但是如果，我很生氣很生氣的話，我就不愛妳了！」

「那妳現在還是很愛我嗎？」我好奇地問。

「媽媽，我只有一點點生氣，所以我還是很愛妳啊！」

哦，原來，四歲半的安娜是這麼詮釋自己的愛。不過無論如何，只要她知道我們愛她，也了解我們不會因為生氣而不愛她，那才是最重要的！至於其他問題，等她慢慢長大後，自然會了解了。

「十分鐘」的魔法

我給孩子「十分鐘」，他們竟然偷走了「半個小時」！

前幾天，我站在廚房，正打算處理一堆該放入洗碗機的碗盤。突然，尼克焦急地跑來問我，他心愛的湯瑪士故事書在哪兒？

「在哪啊？我怎麼知道？你是不是拿到樓上去了？」

「媽媽，沒有在樓上。」顯然已經幫尼克找過的安娜馬上報告。

「唉唷，你們東西每次都亂放，媽媽怎麼會知道在哪啊……」

皺起眉頭的我嘀咕歸嘀咕，仍放下了手邊的事跟孩子們尋找去。畢竟，找本書也用不著幾分鐘吧，我心想。走到客廳，彎腰檢查了餐桌底，又去遊戲桌上的剪貼碎紙堆翻了翻，再叫孩子們自己趴在地板往沙發底下瞧瞧，怪了，都沒見到書的影子！那會在哪兒呢？

正準備帶著孩子往二樓前進時，我瞥見了鋼琴旁的書櫃，竟然被翻得比地震過後還誇張。

「誰弄的？」原本溫柔的媽咪露出了駭人的眼光。

「我和弟弟看的……」這年紀的安娜，仍會很誠實地回答。

「我和姊姊看的……」跟在姊姊屁股後面的尼克，照樣造句著。

「那會不會在書堆裡？」

我催促孩子們把書放回書櫃，一邊也喃喃自語地幫忙翻找時，忽然間，發現了一本尼克嬰兒時期看的圖畫書。

「哇～尼克，你看，這是你以前喜歡看的書耶！……」

總是這麼容易被這種小事給吸引住的我，馬上一屁股坐在書堆中。雖然當時，許多碗盤的身影在我腦中隱約地晃動著，不過心想，十分鐘，就看個十分鐘吧！而好奇的孩子們，二顆大頭也跟著湊了上來。接著，母子三人一頁一頁回味起這本圖畫書。雖然二個寶貝都長大了，但這本寶寶圖畫書現在讀起來，竟也挺有意思的。

「你們猜猜，這是什麼？」

其實這是一本非常簡單的小書，一頁是一個圖案，另一頁寫著圖案的中英文。以前跟還是小寶寶的尼克一起翻閱，我們的焦點幾乎只集中在圖案的那一頁。不過現在快三歲的他，也看得懂一些簡單的中文字了，至於已經認得幾百個字的安娜就更不用說。於是我把書翻折過來，只秀出文字的那一面，索性來個小猜謎。

「這是什麼動物的名字？」

「媽媽，我知道，山羊！」安娜馬上舉手回答——叮咚，答對了。

「媽媽，是獅子！」第二題安娜又搶先，讚，正解也！

「媽媽，大象！大象！」此時尼克不甘示弱，搶到了第三題！

「魚！魚！魚！」我才翻開第四張，尼克立刻大喊著。

面對嗓門越來越大的孩子們，我這個原本應該在廚房做事的媽，不知不覺地也跟著興奮起來。就這樣，這本小書搶答完畢，孩子們要求看下一本。只是坐在地板上的我探探時鐘，哇，怎麼半個小時過去了！一想到廚房的碗盤和其他今天鐵定做不完的家事，我於是跟孩子們商量，若把書櫃全部收好，而且要分好類不能亂擺，就跟他們玩第二本。

蹲在書櫃前的二姊弟，開始非常難得地努力收拾著。利用這段時間，我回到了廚房，將碗盤快速排進洗碗機，又把流理台整個擦拭了一次，但還來不及出去倒個垃圾，安娜的聲音便從客廳傳來：「媽媽，收好了，要講故事了！」此時我抬頭一望，啊？十分鐘？才十分鐘就收好了？老天，這還真是奇蹟。

我的時間管理不怎麼好。自從當了全職母，覺得要定時完成什麼事，更是難上加難。不用說上午「應該」要把櫃子擦完，只要今明二天能夠「記得」這件事，自己已經偷笑了。我從不刻意去設定，每天要和孩子玩多久的積木，或捏多久的黏土，只要抽點時間並專心地和他們讀完一本書，也覺得不錯了。

我最喜歡小馬了！你看，我會寫Pony了呦，很棒吧！雖然爸爸有帶我去騎小馬，但那不是真正的小馬。真正的小馬是要像這樣有翅膀的，才能像氣球一樣飛上天空喔！

只是每一天，孩子家務二頭燒，時間總是被切得零碎不堪。有時想多陪孩子玩躲貓貓，但一想到那至少得追跑個半小時，馬上作罷！有時，我希望安靜地把廚事做完，或試試新的食譜，但身旁總纏著二個小小孩，似乎完全無法騰出一段時間給自己。於是，我開始尋找比較有效率的家務方法，甚至設法減少孩子下午的外出活動，只是再怎麼做，效果仍非常有限。最後，我不得不「化敵為友」，開始運用這些零碎的時間，例如短短的「十分鐘」。結果我發現，運用「十分鐘」或者「十分鐘的心理」，許多不太可能做到的事，反倒能順利達成。

文章寫到這兒，安娜跑過來提醒我跟她一起畫圖。因為昨晚她要求我替小馬畫上像仙女般的翅膀，我也答應了她。趕稿中的我雖然不怎麼願意被打斷，但望望她的臉蛋，卻也不知覺地想著，就畫個十分鐘吧！於是，我們拿起色筆開始塗畫，但發現顏色不對，便用帶螢光的彩繪筆，只是效果仍出不來。之後，我拿出了金蔥筆，將小馬的翅膀點綴得閃閃亮亮，安娜馬上滿意極了！不過當我再次回到電腦前，發現我心裡一直惦記的「十分鐘」，竟然已是一個小時。

「十分鐘」並不多，但實際生活中，卻是一個很好的應用單位，至少心理上，不會覺得是個「做不到」的負擔。十分鐘，我可以帶尼克唸本書（雖然有時會意猶未盡地拖上半小時）。十分

⊙安媽咪・安靜想⊙

許多時候，一件事情的起頭，多半會被「所需時間」限制住。但在體驗家庭主婦這麼瑣碎的作息後，我知道，要達成「所需時間」，只有運用每一個「十分鐘」才能辦到。至於許多全職母（也包括不少德國主婦）的迷思，為何別人家總是看起來一塵不染，而且還能抽出這麼多時間陪伴孩子？事實上，每人每天也只有二十四小時，如何調整孩子與家務的比例，每位媽媽都不同罷了。然而，無論作息如何安排，只要掌握自己的生活重心，一家人過得快快樂樂的，對我而言，就已足夠！

鐘，我可以陪安娜捏一下黏土（雖然也會忍不住跟著捏個二十分鐘）。十分鐘，我可以拿來清一下浴室（不過才清完那一大片的洗手鏡台，孩子就來湊熱鬧了）。十分鐘，我可以上網寫封信（但只要一開機，尼克便馬上爬到椅背從後面摟著我）。

我發現，陪伴孩子時，自己的心，總會不由自主地被拉了過去。而我的注意力，也隨時會被日常瑣事給打散。我知道，我無法每天規畫並確實執行半個小時或一個小時的作息表。但至少，我利用每一個「十分鐘」作為起點，似乎也能夠完成些什麼事——就如在書堆中找到了尼克的故事書、臨時和孩子玩個猜謎遊戲、陪安娜畫了一隻有漂亮翅膀的小馬。對我而言，站在孩子與家務的翹翹板上，我似乎永遠跌向了孩子的那一端。

氣球飛走了！

誰有勇氣，把手中的氣球放開？

手握著尼克的入學通知，高興尖叫後，竟開始一陣鼻酸……

德國有些地區的幼稚園是一位難求，我們住的這個小鎮正是如此。當初老大安娜算是極幸運，在我們搬來後馬上可以入學。時間一晃，今年六月即將年滿三歲的弟弟尼克，也要上學了。只是本市幼稚園名額向來供不應求，尤其我們又想讓他和安娜同校，再怎麼說都不太容易。不過，這不只是我一人在擔憂的問題。早在去年夏天，學校的許多家長們也開始圍繞這話題轉兒。約半年前，大家已紛紛為老二老三們提出了入學申請，雖然當時，這群孩子也才二歲多呢！

前天，三月三十日，這個令許多家長興奮又期待的日子終於來臨了。一早送孩子們去學校時，便發現許多小朋友的聯絡信箱有著一封信。當然，安娜的信箱上也插放著一封。立刻打開一看，竟然是尼克的入學通知！後來，帶尼克上寶寶體能課時，每位媽咪興奮地正式跟孩子介紹他們將來的同學，雖然，這些孩子們因為兄姊或透過寶寶活動早已熟識。但媽媽們雀躍萬分的心情，似乎比中了樂透還高興！

昨天，蘿拉的媽跟我吐露，第一次帶蘿拉上學時，她是如何淚流滿面，如今輪到了她的兒子芬（比尼克大一個月）。我心裡想了想，哇哈，難道我是個殘酷冷血又無情的媽咪？想當年安娜上學

去，我似乎比孩子還開心！不過或許是老二的緣故，如今得知尼克即將入學，這二三天，我卻是越來越難過，也越來越不捨。

算起來，尼克這孩子，除了挑食、挑衣這二大「毛病」外，幾乎沒什麼難帶之處。從小，當他和安娜還玩不太起來時，他會自己一個人玩耍。直到滿二歲前後，尼克才漸漸來黏我，但多半是有特定需求，例如餓了、渴了、便了或想睡覺，才抓著我不放，並要我抱抱他。

自從安娜上學後的這一年多來，我帶著尼克參加體育課、音樂課、私人寶寶聚會。時間多一些，也會帶他去公園玩、買菜，或拜訪鄰居好友。不過，最喜歡的還是跟他留在家中。有時我們玩火車、玩拼圖，或一起躺在樓上的斜頂窗下，欣賞一朵朵動物形狀的白雲飄過。我也很享受母子倆啃食著奶油餅乾，比賽著誰吃得多。我更喜歡他拿著永不離手的臭毯子，跟我依偎在沙發裡，一起打瞌睡或聽音樂。

這陣子因為趕稿，從沒請臨時保母的我們，也開始認真地考慮是否讓尼克去隔壁的保母家玩玩。不過就在收到尼克今秋的入學通知後，整個心情和想法卻突然改變了。想想，唯一與他單獨相處的日子，就也只剩這數把個月。等尼克正式上學後，我們母子倆的獨處時刻，恐怕只剩晚安故事時間了吧！

早上一個人帶著尼克去公園的日子，就快結束了。留下來的，除了一堆相片，就是自己心中滿滿的回憶。

氣球和泡泡大大的、圓圓的，
還有很多顏色，我最喜歡了！

⊙安媽咪・安靜想⊙

「放手」，是人生一輩子的功課。回想教尼克站立時，我是那麼迫不及待地放開手，讓他嘗試。在尼克獨自跨出第一步時，我更興奮地將手展開，鼓勵他繼續第二步。但現在，為何「放手」讓他上學去，突然變得這麼難？我不懂。我只記得去年此時，嘴裡老是掛著，要是尼克快快能上學，一整個上午就沒了煩惱！但現在，卻想著要讓這個可愛的小麻煩留在身旁。我想我能做的，就是繼續讓他好好享受這段獨佔媽咪一人的時刻吧！因為我希望，在我飆淚放手的同時，至少他是快樂又滿足的，而我自己也是。

為了不讓自己覺得錯過了什麼，決定還是繼續自己陪伴他。想和他盡情地再玩玩小火車、剪剪碎紙花、唸唸他最近愛上的ㄅㄆㄇ，還是一起去看飛機、到小書局坐坐，或者合力吹完一整包他最愛的氣球……說到氣球，超愛氣球的尼克，似乎對氣球有份特殊的情感。每每在商家前拿到了氣球，他總愛讓它就這麼飛走！只是，放開手，讓氣球飛走，真的那麼簡單嗎？

直到現在，我仍無法說放就放的將手中的氣球放開，更別說放開尼克了！因為那不僅僅只是一份捨不得。不過在這接下來的數個月裡，我是真的要向尼克好好學習放開氣球的勇氣！畢竟，放開手，讓孩子自己走，這遲早的事，我是必需面對的。

尼克，為媽咪加油吧！

手牽手，我們都是好朋友

泥巴褲的友誼

交朋友？媽媽，我自己來吧！

芬亞是安娜幼稚園隔壁班的同學。在安娜和芬亞還未開始要好前，我對她的印象已很深刻。因為去年冬天，每次接安娜放學時，老是得順便解救正在跑廁所的芬亞。

德國孩子冬天在戶外玩耍，遇到雨天或小雪日，總會多套件厚厚的連身雪衣或「泥巴褲」（Matschhose，一種玩雪玩泥巴的防水吊帶褲）。對於剛滿三歲的孩子，身著這件泥巴褲想上個廁所，簡直是件浩大的工程。因為他們得先脫掉外套，把吊帶褲上方的扣環打開，然後解開裡面長褲的釦子，再用力拉下緊身褲襪後，才好不容易到小內褲的這層……而中午放學時刻，老師們通常都站在校門區。此時芬亞跑到屋內上廁所，找不到人幫忙，只好向陪著安娜進來拿背包的我求救了。

芬亞是個很可愛的小女孩。一般三歲孩子口齒還不見得很清晰時，她的每一個咬字已經非常清楚，發音也極為標準。我一直記得第一次帶芬亞上廁所，當我正努力打開吊帶褲的扣環（扣環實在緊得很，真懷疑哪個孩子可以自己打開），一邊自言自語地唸著：「喔，妳這件吊帶褲（Latzhose）還真難打開……」沒想到卻換來芬亞一副再嚴肅不過的表情：「這不是吊帶褲（Latzhose），這叫泥—巴—褲（Matsch--hose）！」

在德國，對於剛上幼稚園的三歲小朋友，老師已經開始要求自己

練習穿脫衣物。從早上一進學校，掛好背包、脫下外套和換室內鞋，直到放學前，再把一層層衣物又穿戴回去，全讓孩子們自己來。而冬天一到，小朋友花在穿脫衣物的時間就更多了。尤其是被包成小雪人，還得應付身上的許多「機關」，因此當孩子們尚未完全上手時，老師們仍得蹲下來一個個幫忙扣，但也會耐心地教他們怎麼拉、如何綁。

而像芬亞穿的這種泥巴褲，許多三、四歲孩子無法輕易解開的，便需要有人來幫忙了。不過孩子們在學習過程中，雖然不見得已經熟練，但總有股「我要自己試試」的衝動。而德國小朋友這種凡事自己來的觀念，不只展現在穿戴衣物這方面，交際上，德國父母也開始尊重孩子的意見了。

芬亞和安娜並非同班同學，在學校相處的機會不多。除了每次我帶芬亞上廁所時，她倆會互相傻笑，或偶爾一起盪個秋千，基本上沒什麼確切的往來。直到去年秋天，在學校舉辦的跳蚤市場裡，我們父母才先認識了對方。

我還記得那天活動中，安爸和芬亞的媽媽剛好排到了同一時段的點心義賣輪班。當我帶著二個孩子稍後趕到會場時，安爸馬上向我們介紹，這是隔壁班的小朋友和媽媽。乍看之下，我一時認不出這就是以前冬天拖著吊帶褲，不，應該說是泥巴褲，站在廁所

⊙安媽咪・安靜想⊙

許多德國父母在孩子上幼稚園前，已透過寶寶活動有往來。當然，因為搬家，或孩子進入的幼稚園剛好沒熟悉的朋友時，父母們也是會「幫忙」安排孩子課後與同學的遊戲時間。只是，孩子如同我們大人，對朋友總是有自己的看法。媽咪間交情好，並不代表孩子們一定能成為「好朋友」。不少德國家長在邀約前，習慣先問孩子們的意願。當然，也是有媽咪會先主動安排小聚會，讓大家至少有彼此認識的機會。

前的芬亞！因為過了個暑假，芬亞的頭髮變長了，髮色也深了許多，小臉蛋更是成熟了不少。當我們相互提議讓孩子們放學後一起聚聚時，芬亞媽馬上蹲下來問著女兒：「想不想和安娜玩？」只見芬亞笑了笑，但搖搖頭。而在一旁的安爸也對著安娜說：「我們請芬亞來家裡玩，好不好？」沒想到，安娜也搖搖頭。

這學期開始，芬亞也跟安娜一樣在學校午餐（此校有三分之一的學生是午餐後才回家）。有好幾次，我和芬亞媽來到幼稚園時，見到安娜和芬亞挨在一塊兒玩沙子，或比賽盪秋千。有天，正當我們準備離去，芬亞媽忽然又問女兒：「想不想跟安娜一起玩？」只見芬亞點點頭，並主動牽起安娜的手。我和芬亞媽愣了愣，還搞不清楚狀況時，芬亞已開心地大喊著：「安娜和我是好朋友喔！」接著，二個女孩手牽手，蹦蹦跳跳地走出了校門。

也不知是否泥巴褲所結下的緣份，或者小女生倆忽然看對了眼。總之，看著孩子們自己交起朋友，父母總是既開心又好奇。雖然幼稚園的友誼，不見得可以延續至永遠，但見到安娜又交了一個新朋友，總是替她感到高興。

安娜和芬亞二個女孩最喜歡在小木屋裡玩扮家家酒！德國孩子很喜歡玩角色扮演的遊戲，海盜、公主、印地安人，都是孩子心目中的熱門人物。

我也要學芭蕾舞！

安娜穿著小內衣
在客廳跑來跑去，
說是在跳芭蕾舞呢～

去年夏初，本鎮著名的狩獵行宮（Jagdschloss Mönchbruch）舉辦了一場「夏之宴」的慶典。除了花藝、手工藝的展覽，還有爵士音樂會和其他現場表演，另外也提供了小朋友的遊戲區。趁著週末天氣不錯，決定帶孩子們過去走走。

狩獵宮內的廣場其實不大，但當天還是搭起了一個小舞台。由於我們臨時過來，沒特別注意節目表，但走進舞台區，突然見到一群身著粉紅色芭蕾舞衣的小女孩們。哦？有芭蕾表演？我馬上向觀眾席的一位媽媽問了問，便興奮地跟安娜和尼克預告：

「等一下哦，等一下就有芭蕾舞可以看喔！」

「……媽媽，芭蕾舞是什麼啊？」三歲半的安娜和二歲的尼克呆望著我。

「芭蕾舞…就是…穿著這種衣服跳的一種…舞蹈……」我指了指那群已身穿芭蕾舞衣的小女孩。不過接下來，卻不知該如何解釋，於是搬出了那句老掉牙的台詞：「反正…等下你們看了就知道啦……」

雖然離芭蕾表演還有十分鐘，但所有的小芭蕾舞者都已擠在舞台旁，嘰嘰喳喳地等著開場。安娜和尼克，或許頭一次見到這種場面，二人均目不轉睛地盯著這群姊姊們看。忽然，音樂響起，小女孩們一個個跳上了舞台翩翩起舞。而望著著舞群的安娜和尼

克，則是動也不動，連眼睛也沒眨過！

其實在這次看到芭蕾舞表演前，我從未想過讓安娜學芭蕾。不過觀看這場表演時，我預期著安娜馬上會要求學芭蕾，就像她看到小朋友騎腳踏車，她也說她想學地那樣熱切。不過等到表演結束回到了家，安娜始終悶不吭聲，沒說好看，也沒說不喜歡。於是，學芭蕾這事，隨著時間被我們忘得一乾二淨了。

就在整整三個月後的某一天，安娜忽然跟我說：「媽媽，我想學芭蕾！」芭蕾？當我還摸不清頭腦，怎麼突然冒出學芭蕾的想法時，安娜又說了：「芭比（安娜的同學）有去學芭蕾耶！」原本對芭蕾完全沒興趣，或者說，根本不曉得芭蕾是什麼的她，那陣子對芭蕾舞的各種訊息突然有了興趣。無論是書上的圖片或電視的表演，就連每天早上更衣時，只要脫到身上只剩下小內衣，她便到處亂跑亂跳，把雙手舉得好高好高，說她正在跳芭蕾舞！

「喔，芭蕾舞喔……」聽見安娜這麼要求，我和安爸安靜了好一陣子。其實一開始我們並無確切的想法，倒底是否讓她參加。不過看她時常主動提起，我們認真地研究了上課的時間和地點。但考慮到當時已打算讓她參加其他活動，加上芭蕾學校實在挺遠的，我們便暫緩了學芭蕾這件事。

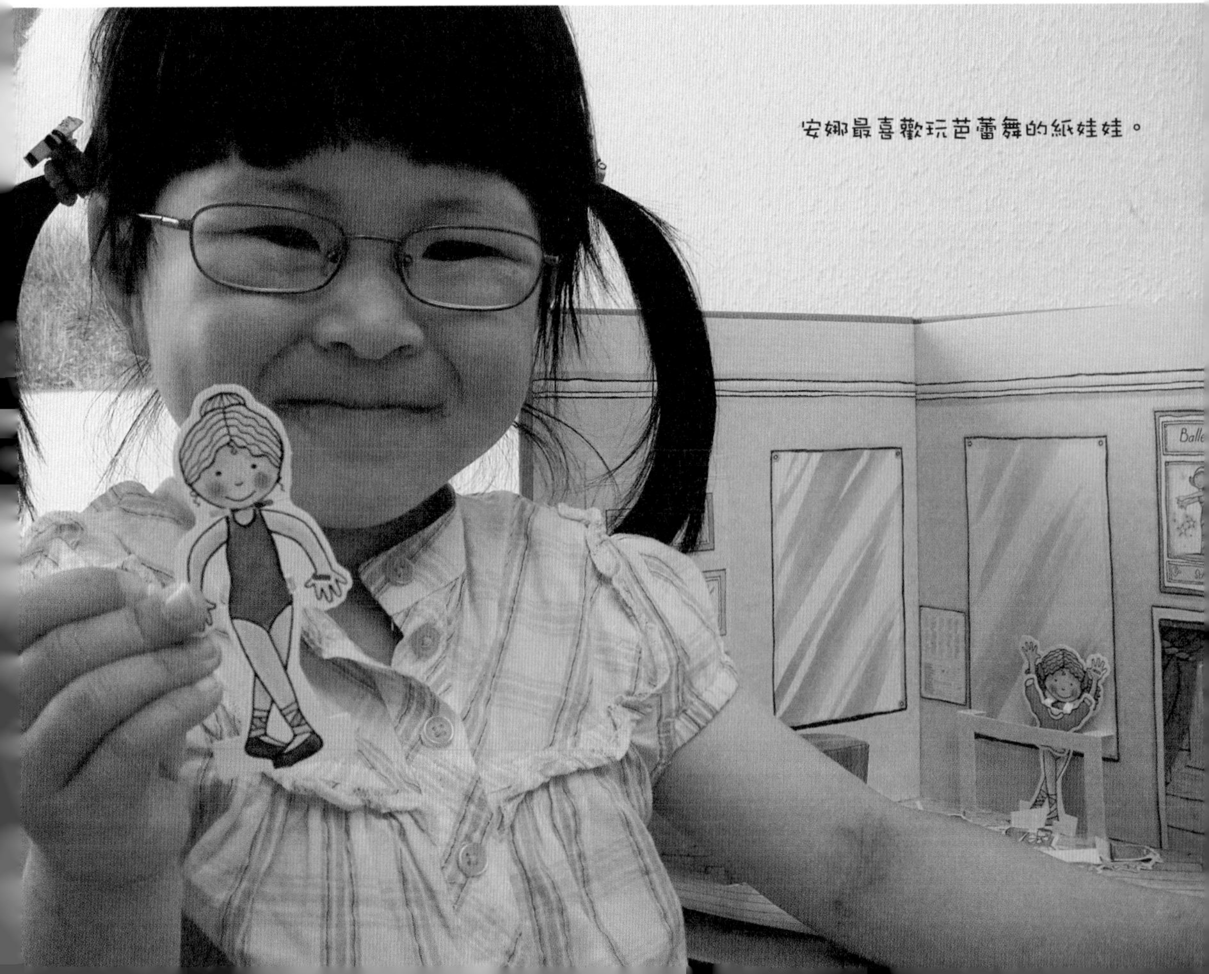

安娜最喜歡玩芭蕾舞的紙娃娃。

⊙安媽咪・安靜想⊙

德國學齡前的孩子，除了早上去幼稚園，下午也有許多課外活動可參加。像是舞蹈、音樂、瑜伽、體操或參加小小足球隊。只是，不見得所有的德國父母都會安排孩子參加這些課程。也極少有家長每天下午都安排這些才藝班。若哪個孩子一週參加二、三種課程，已經很不得了了。因為德國孩子的下午，是與同伴玩耍的重要時刻。今天去我家，明天去你家，這足夠讓爹娘和孩子們忙得團團轉了！

非常喜歡芭蕾的安娜，到目前仍只在家裡過過乾癮。目前安娜一週已有二個下午安排了固定活動，接下來的新學年，也打算讓她和凱思婷一起參加體育協會舉辦的兒童體操。其餘所剩的課後時段，除了與同學相互約訪，也想留給自己和孩子一點相處的時間。還好，安娜對這件事始終不以為意。只要每次換衣服時，我讓她穿著小內衣小內褲在客廳多跑個二圈，她就已經樂得不得了了！

就這麼過了好一陣子，有天，隔壁的九十歲老太太瑪格來家裡坐。在大家談起孩子們的課餘活動時，她突然唸起了她女兒和女婿，說他們花大錢讓小一的孩子學網球啦，或要求女兒一定得上芭蕾啦，她說，那些全是為了形象和面子而已！

嗯？芭蕾和面子？當我和安爸聽到「芭蕾」時，耳朵馬上豎得直直的。又聽到「面子和形象」，四隻眼睜得又圓又大。因為，我們從未想過，或說，未曾認真地了解，其他家長送孩子學芭蕾的原因何在。當初考慮讓安娜參加芭蕾課，純粹只因她有興趣，加上與她滿要好的同學芭比也參加了，想說二個女孩一起玩玩芭蕾，舒展一下筋骨，沒什麼不好！只是，學個芭蕾，也能扯到面子問題？這樣的關聯，讓我們挺訝異的。

那天，與安娜同學的媽媽們聊天時，我順便問了一句，有沒想過送女兒去跳芭蕾。結果一向愛開玩笑的蘿拉媽馬上回答：「蘿拉和芭蕾舞？哈，她不會的，她飛不起來（蘿拉屬肉肉型的小女生）！」倒是凱思婷媽較為含蓄，她聽了蘿拉媽這樣的回答後，馬上露出那排超白的牙齒對我嘻嘻笑：「呵…我們家凱思婷她，我想，還是比較適合足球和體操吧！」

尼克最喜歡上「寶寶體能訓練課」了！走平衡板是他最喜歡也最拿手的項目之一。

打開人際交流的親子活動

表面上看似冷漠的德國社會，其實有著一套自己的人際交流管道。見到街上許多媽媽們一起推著娃娃車逛街，或一塊兒帶著孩子在公園逗留，可別誤會她們早已熟識。因為大部分的媽咪，其實是透過寶寶活動才認識彼此。

德國每個城鎮皆有由不同機構舉辦的親子活動（三歲以下），最常見的便是親子聚會、遊戲團體、體能訓練、音樂律動寶寶游泳等。其中親子聚會及遊戲團體除了主持人帶領大家歌唱及遊戲外，基本上也是一處家長們交流的場所。體能訓練是由各地體育協會或私人機構舉辦的付費課程。指導員會和父母一同架好適合小朋友使用的器材，在家長陪同下，讓孩子們從事上下走爬等活動。音樂律動則以律動性親子遊戲為主，並非傳統之音樂課。在45分鐘的律動時間裡，老師使用清唱或教具帶領大家唱唱跳跳。寶寶游泳課多半由教練帶領親子一起進行水上體操，也有部分自由活動的時間。此外有寶寶按摩、親子瑜伽等非定期課程，也深受許多媽媽喜愛。

除了親子聚會及遊戲團體屬免費活動外，其餘皆為自費課程。藉由這些活動，德國媽咪們不但認識了彼此，同時也為孩子們打開了人際交流的第一步。

每週二堂共約二小時半的寶寶體能訓練課，以六個月至三歲的孩童為對象，家長必須在場並自行陪同孩子活動。費用採會員制，一個月七歐元（約台幣三百二十元）。

每週一堂四十五分鐘的親子音樂律動課，由本市之音樂學校主辦，滿四個月至三歲的孩子皆可報名參加。只是本地音樂學校之名額向來很有限，除非額外開新班或提早報名，否則要加入並不容易。音樂課之費用每個月十二歐元（約台幣五百四十元）。

難解的友誼

三個女孩手牽著手，像被魔法拷住似的……

蒂拉是安娜在學校裡最要好的朋友。

聽安娜說，她們一起畫圖、一起玩娃娃、一起上廁所，幾乎什麼事都喜歡一起做。不過由於蒂拉是土耳其女孩，與安娜一樣都是非純德國人。考量語言的學習與發展，老師每天都會安排一小段時間，試著將她們分散到只有德國小朋友的活動組別。只是剛開始，蒂拉不太願意與安娜分開，竟然痴痴站在另一間教室的門口等待安娜整整半個小時！安娜倒是還好，因課後常安排她與其他德國孩子相互約訪，也因此對他們較為熟識。不過只要蒂拉一出現，安娜和她還是會黏在一塊兒，就像雙胞胎一樣分也分不開。能夠加入她們之間的，也只有一位較她們年長的女孩芭比。只是芭比也來自非純德國的家庭，因此她們這組三人行，向來令老師有點傷腦筋。在孩子的語言和友誼之間如何取得平衡？除了老師，也是我們父母努力學習的課題之一。

要形容這三個小女生難分難捨的好交情，僅由平時接送孩子去幼稚園，仍看不太出來。直到去年秋季的德國燈籠節裡，我們這三個女生的媽咪，才頭一次領教到她們「黏功」的厲害。

我還記得，去年人山人海的德國燈籠節（Laternenfest，每年十一月十一日，亦為聖馬丁日Martinstag，是紀念中世紀人物聖馬丁之善行義舉的一項傳統遊行活動）的遊行活動於下午五點半

三朵分不開的姊妹花：安娜、蓆拉、芭比。

才展開。當天，不僅僅是幼稚園的家長和小朋友，還有許多親友、教友以及其它市民，都參加了遊行隊伍。當我們快抵達終點，也就是幼稚園前，遇見了蓆拉和她的媽媽。

為方便起見，我向蓆拉媽咪提議，一起先帶孩子們將燈籠放在教室，再到校區的園遊攤位幫忙。只是當時的學校，已被人群擠得水泄不通。就在我們大手牽小手，一起努力擠進教室並安置好燈籠後，突然，安娜和蓆拉二人雙手一拉，便掉頭跑出了門外！蓆拉媽和我一見狀況不對，馬上追了過去。沒想到在門口，二個女孩見到正在和媽媽排隊等廁所的芭比，三個小女生便緊握著手，像被魔法拷在一起似的，從一波又一波的人群中奮力鑽出。

「芭比！妳去哪兒？」

芭比的媽媽不知道發生什麼事，我和蓆拉媽跟她比了比手勢，她馬上跟著追來。接著，便出現了一幅三個媽咪狂喊自己寶貝女兒的場景。

「芭比！」

「蓆拉！」

「安娜！」

安娜和蒂拉比賽吃冰棒。大太陽底下，冰融得快，二個女孩不得不加緊速度，努力舔著已經開始滴汁的冰棒。

不曉得，是這三個孩子根本沒聽見？還是左耳進右耳出的老毛病又犯了！只見她們頭也不回，繼續往戶外遊戲區奔跑。由於當天幼稚園是開放的，不只外人可隨意進出，校園大門也未鎖上。我們擔心她們可能不小心被人群帶離了學校，於是三個媽咪努力追著腳比我們短、卻跑得比我們還要快的小女孩。

「芭—比——」

「蒂—拉——」

「安—娜——」

終於，在三隻母老虎同時發出越來越響亮的怒吼聲時，她們停下腳步並回過頭來，但卻是三張感到莫名其妙的小臉。而我們幾位跑得狼狽不堪、氣喘如牛的媽咪，還差點撲上了自己的孩子。

不知是緣分太好或氣味太相投，經過這次的經驗，我們終於知道她們彼此間感情有多麼緊密。尤其是蒂拉和安娜二人，總是習慣膩在一塊兒。曾經和老師談過這個話題，有時也和蒂拉媽咪聊到這件事，大家雖然都關心孩子的語言發展，但她倆之間的友誼，卻讓我們大人挺羨慕的。

在她們這麼小的年紀就能獲得如此的友誼，可說是極為珍貴的一項經驗。至於語言，只希望在這個大環境下，透過我們各自私下

⊙安媽咪・安靜想⊙

安娜的課餘時間，我和幾位德國同學的媽媽會相互約訪。剛開始是為了孩子們，不過現在，似乎只是媽咪們的聊天趴。其實我們發現，有一、二位德國小女生很喜歡跟安娜玩。只是安娜玩歸玩，到最後仍會跟我要求，明天想去蓆拉家，或下次想請芭比來。這似乎讓我提前感受到，將來她的朋友（甚至男朋友），也將會是我們無法管控或限制的。但回過頭來想一想，當初我們不也這麼過來的？友誼和愛情，都是無法在家裡學習和經歷的。對於這二樣，我們父母能做的，似乎只有信任自己的孩子了。

多安排與德國孩子的互動，能維持到一定的發展。終究，語言是自己可以主動去學習的。但友誼呢，尤其像安娜她們這種難分難捨的友誼，並不是想要就可輕易獲得！

我和蓆拉一起划船到西班牙去玩。你看，我們的船上有好多花的印章，是我自己蓋的喔！這張我要送給蓆拉的，媽媽，妳不要忘記了。（安媽咪補充：沒錯，這張是安娜要送給蓆拉的，但被我先扣留住啦。答應之後再還她，雖然好想自己偷偷留著。）

被打了，該回手嗎？

孩子被打了，父母該如何反應？要孩子打回去嗎？

走在回家的路上，感覺安娜心情特別好。我問她：「今天玩得開心嗎？」沒想到安娜笑咪咪地回答：「媽媽，我今天打架打贏了喔！」我停下腳步，用難以置信的眼光看著她，心想，打架？妳還打贏了？

半年多前，是安娜第一次提到「打架」這件事，雖然還不算是真的「打架事件」。我還記得，那天中午安爸接她回來時，她一臉的不高興。我以為，她的小姐脾氣又發作了。整整一個下午，她什麼話也不說。後來安爸偷偷告訴我，放學前芭比打了她的頭，而且似乎很用力。只是安娜始終沒說些什麼，當晚我用水果熊的故事，也無法誘導她講出來。隔日，我們親自與老師了解狀況後，雖然可以原諒芭比的行為，但仍感到非常心疼。

芭比、蒂拉和安娜，在當時算是最要好的朋友。在她們剛開始「結黨組群」時，安娜還不到三歲半，而蒂拉也才剛滿四歲。因此五歲的芭比，自然扮演著「老大」的角色。在她們的互動中，不難看出許多活動都是芭比主導進行。

隨著時間，尤其隔了一整個暑假，孩子們在各方面有了不少的成長與變化。因此新的學期開始，三人間的衝突明顯地增加了，更明確的說，是芭比和蒂拉、安娜二人之間的紛爭越來越多了。由於安娜和蒂拉，漸漸也想嘗試擔任這小團體的領導角色，於是她

班上替安娜辦慶生會時，三姊妹一照相仍會湊在一塊兒，但吃蛋糕時，安娜卻不讓芭比坐她旁邊。在安娜的幼稚園裡，老師都會為每個孩子辦個小小的慶生會。要是媽媽沒空烤蛋糕（在德國，孩子的生日蛋糕幾乎都是父母自己親手做的），熱心的老師們總是會主動準備，讓每個孩子都能快樂又高興地過生日。

倆採用共同的意見去抵制芭比的想法。

「這是芭比要學習的事。在團體中，她必須學習接受不同的意見。現在芭比也得面對，她不再是小團體的領袖了……」

班導師克莉強納跟我們這麼解釋著。沒錯，那陣子，無論老師在學校或是我們課餘私下的觀察，這三個孩子總是處在戰爭引爆的邊緣。尤其特別愛告狀的她們，讓老師每天耳邊總會出現這些小報告：

「老師，她推我！」

「老師，她打我！」

「老師，她們不跟我玩了！」

老師很無奈，有時氣得牙癢癢，試圖將這三姊妹暫時分到不同的組別。只是往往三個人被分開後，又馬上想尋找對方。不過，即使這麼緊密的友誼，就在安娜快滿四歲生日前，發生了這件令人難過的事。

學校的操場遊戲區裡，除了大樹外，小木屋的屋頂，便是安娜極想挑戰的地方。我還記得，安娜曾問我好幾次，要如何才可以爬上去。只是從來沒有爬過樹的我，對怎麼爬上小木屋絕不是

專家。正煩惱著該如何教安娜怎麼爬，忽然見到尼可拉斯正準備爬上屋頂，我趕緊要安娜直接問他。後來的幾天，每次接安娜放學，都見到尼可拉斯努力地爬小木屋給安娜看。他教安娜要踩這裡、踏那裡，只是安娜爬了一半，卻總是又往下退。

我知道，爬上屋頂是安娜的夢想之一。但後來一直搞不清楚她到底爬上了沒。最後經由安娜及老師才得知，就在事情發生的那天，安娜終於有勇氣爬到了屋頂，只是已坐在屋頂上的芭比卻命令她不可以上來。而不顧「老大」命令的安娜依然爬了上去，於是芭比便用小拳頭向她頭部揮擊二次。立刻，安娜抱頭大哭，幸好一旁目睹過程的老師趕緊將她抱了下來。

「那後來呢？安娜沒有受傷吧？老師處罰了芭比嗎？」

聽見孫女被揍的安外婆，急得問東問西的。是還好，沒什麼外傷，也幸虧沒造成內傷。至於處罰，事件發生後，另一位老師馬上把芭比叫了下來，告訴她這種行為是不對的，並要她向安娜道歉。而當天，芭比也被禁止回到遊戲區裡，因為她今天犯了非常嚴重的錯誤。就這樣，芭比站在老師身邊，直到放學為止。

為了不讓女兒再次受到攻擊，我們第一次對這個問題做了認真的思考。到底，孩子受到攻擊後，該有什麼樣的反應？不少朋友關

心地告訴我，人家打你，當然要打回去，否則孩子永遠只有被欺負的份。我想，那只是大家一時激動的建議吧！我也聽過，不需要叫孩子真的「回打」，但要教孩子將欺負人的小朋友推倒在地。以前還搞不清楚狀況時，我也是這麼教孩子的，只是心中卻存著那麼一絲的疑慮。畢竟，人與人相處，最終講的還是和平。雖然我知道，世界大同是不可能的，但教孩子動手攻擊別人，又是正確的嗎？

和老師談了談，想了解他們在幼稚園是如何教育孩子的。沒想到，她們的方法既簡單又有效。老師告訴孩子們，遇到被打的狀況，必須先用口頭嚴厲警告對方，之後馬上離開這位動手的同學。如此被欺負的小朋友可免於受到連續攻擊，而這位打人的孩子，經由同伴的指責，也被迫有了獨自反省的機會。

半年後的今天，聽見了安娜不斷跟我重複：「媽媽，我今天打架打贏了！」我不可思議地望著她的同時，不禁想著，這個連弟弟都打不過的小女子，竟可以打贏其他孩子，那真的……是該好好「慶祝慶祝」了！

不過隔日與老師溝通後才知道，原來那是一場「情緒教育課程」（Faustlos）的排演！「情緒教育課程」是學校在這學年開始推行的活動，主要讓孩子們認識與表達自己和他人的情緒，以及教

⊙安媽咪・安靜想⊙

安娜因為這件事，原本想邀請芭比參加她四歲慶生會的計畫，也突然改變了。發送邀請函的前一晚，我們還問她，真的不想請芭比來？因為後來發現她倆似乎又和好了，若不讓芭比參加，安娜將來可能會很後悔，但她卻堅持不肯。雖然我還多準備了一份小朋友的餐具玩具，不過生日當天安娜仍不願意，我們也只好尊重小壽星的意願了。

這世上，許多問題並無一定正確或絕對的方法，也沒有所謂的標準答案。面對暴力，「以牙還牙」或「走為上策」皆是種選擇。畢竟，每個環境與孩子間的行為模式不盡相同，想找出適合自己孩子的方法，家長得花時間去摸索。當然，遇到這類的問題，若能與學校老師一起討論、配合，成效將會更理想！

導孩子們如何應對暴力行為。而這天，安娜剛好有機會上台「表演」，內容是她打敗了芭比。聽老師詳述時，我實在懷疑安娜是否明白她上台的主要用意。不過從她回家時那副快樂滿足的表情看來，感覺到她內心想要表達的其實只是：「媽媽，我終於打贏了芭比呦！耶！」

擠成一堆、扭成一團，德國孩童的肢體語言乍看之下似乎非常多，但真正打起群架的卻很少見。基本上，老師們幾乎都允許孩童間的這種遊戲行為，但都會緊盯在旁，一遇到狀況，例如某位孩子大喊不願意或某個小朋友的力道太重，老師便會馬上提醒，請他們注意自己的行為。

每週的情緒課主題都會貼在教室門口，學習重點則貼在佈告欄上，供家長參考。

情緒教育

目前在德國許多學校推廣的「情緒教育課程」（Faustlos），源自於美國的「Second Step」。這套已發展二十六年的情緒教育系列課程，已被全球超過二十個國家的學校所引用。

德國自二千年初開始，由HPZ（以孩童暴力及厭食為研究主題之機構）所推廣的「情緒教育課程」，已被越來越多的幼稚園與小學採用。此系列課程之目的，除了減少孩子間的暴力行為外，主要是教導孩子認識自己與他人的情緒，並進一步學習如何處理及面對他人的反應。

課程中，老師們透過相片和實例表演，讓小朋友了解人的各種情緒反應變化。配合故事和團體活動，讓孩子們學習如何面對身旁人群的狀況，以及在與他人產生紛爭時，該如何做出適當的應對。

據安娜學校老師表示，這學年開辦的情緒課程（每週一堂），深受孩子們喜愛。整體而言，雖然幼稚園孩子間的衝突並沒因此而明顯減少，但每當小朋友間發生爭執時，經由老師提醒，他們的情緒已顯得較能自我控制。

我也是咖啡色的！

有一天，安娜突然跟我說，她也是「咖啡色」……

那天雨下得很大，尼克又生病，安爸趁著午餐空檔替我接回了安娜。玩得一身濕淋淋又髒兮兮的安娜（在幼稚園，只要孩子有雨衣、泥巴褲和雨鞋，即使雨天也會讓小朋友在戶外玩耍），才將沾滿泥巴的雨鞋踏進了門，便馬上高興地對我呼喊：「媽媽，妳看！我是咖啡色的！」

咖啡色？見到全身是泥的她，我簡直快瘋了！沒辦法，從小成長在很有秩序、每天檢查手帕衛生紙、處處以保持整潔為第一的台灣教育環境裡，再怎麼告訴自己一百次，孩子玩了泥巴就是這副德行，卻在每次見到全身是泥的安娜，還是無法忍受！

「當然是咖啡色！妳看妳看，連鞋子裡都有泥巴……哎唷，褲襪也全濕了……快快快，全部脫掉！不然會感冒的！」

馬上命令安娜退到門外並脫下最外層的「咖啡色」後，我迅速將她抱進來，換上了乾淨的衣服。只是一臉難掩興奮的安娜，像是發現什麼新大陸似的老對我說著：

「媽，我也是咖啡色的喔！」

「啊，不是了，不是了！妳已經乾淨啦！」

「媽媽，我是咖啡色的，跟芭比一樣的咖啡色啦！」

正準備將這團泥巴衣物撈進洗衣籃的我，回過頭看了安娜一眼，

呃，芭比？

芭比是來自斯里蘭卡的小女孩。她和蒂拉都是安娜最好的朋友。只是安娜突然提到了芭比，我一時無法有任何的連貫。稍後聽著她斷斷續續報告今天學校的活動才知道，原來她想說的是，她和芭比是「同一國」的。不過當時才剛滿四歲的她，尚無人種或膚色的觀念。在她眼裡，芭比是黑頭髮，她也是。芭比有咖啡色的皮膚，安娜因為喜歡芭比，所以覺得和芭比一樣是咖啡色的而雀躍不已！

只是，忽然聽見自己的女兒這麼自認屬於咖啡色，一手仍栽在泥巴衣褲的我，愣了一好一陣子，不曉得該如何反應。因為，我從未預料安娜會對自己這麼定位。因此接下來的幾天，我拿出了一本關於人種與文化的故事書，只要一有空，就慢慢跟安娜解釋世界上的人種、語言及國家。不過當時才剛四歲的安娜，似乎摸不清我的重點，她只極度關心著，為何她屬於所謂的「黃種人」，但她的皮膚卻不是黃色的？

就這麼過了大半年。某天，去接安娜放學時，她同學大衛忽然問我，我到底在跟安娜說些什麼（我和孩子以中文溝通）？我笑了笑，要大衛自己問安娜。接著，妮可走了過來，她問我中文的

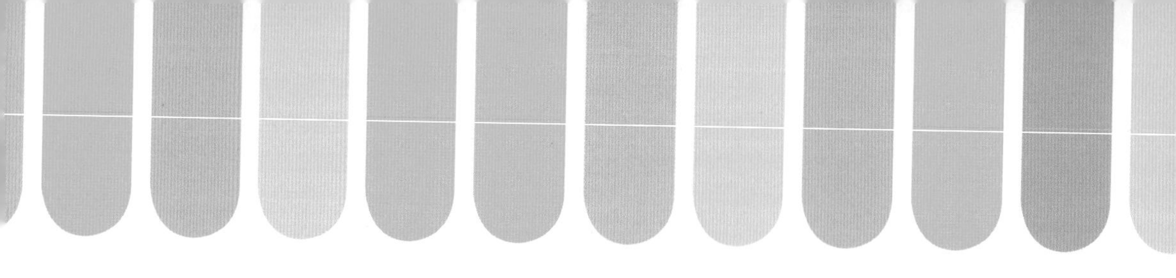

⊙安媽咪・安靜想⊙

身處仍不算多元文化的德國，即使身為德國公民，終究不會被認同為德國人。但，這是可以理解的。就像在台灣，一位洋人跟你說，他是土生土長的台中人，大家同樣也會好奇他「源自於」哪個國家。在我眼裡，這並不是所謂的「不包容」，只是我們還不習慣面對與接受這種狀況。而德國百姓們也是一樣，尤其是這個年紀的孩子。因此當我跟小朋友解釋安娜也是德國籍時，只換來一副副莫名其妙的表情。後來我補了一句「我來自台灣」，孩子們馬上「啊！」的認定了：原來安娜是台灣人啊！

一二三是不是Ching Chang Chung？而在一旁玩沙子的米亞聽到了，也好奇地抬頭望著我。接著，一張張小臉蛋湊了上來，我於是為孩子們上了五分鐘的中文課。當然，除了教他們中文的一二三如何發音，也回答了孩子們最想知道的問題：安娜是從哪個國家來的？

至於安娜的「咖啡色」問題，就這麼被我們暫時擱了下來。我想，時間到了，她自己就會明白。事實上，每每在學校看著孩子們玩耍便不難發現，比起膚色和種族，衣服上有沒有海綿寶寶、小探險家朵拉還是莉莉菲公主，才是孩子間「組黨選友」的標準呢！

這是我。我在四歲生日之後畫的。媽媽說我很棒喔，因為我會畫身體和手了呦！不過最近媽媽一直說我是「黃種人」，好奇怪喔！哈哈！

朋友的意義

倒底誰才是安娜心目中的「朋友」呢？

「哼！蔁拉和芭比不是我的朋友了！」今天安娜回家後，氣沖沖地說。這三人，自從上次大吵一架又和好後，怎麼又吵嘴了？

說起來，安娜、蔁拉和芭比這三個女孩，雖然還不到什麼愛恨情仇，但可以計較的事卻已多到數不清。不過令人放心的是，大部分都還只是非常單純的狀況。例如芭比和安娜二個人多玩了一會兒，蔁拉就不爽了。而蔁拉跟安娜二人一起畫圖，不喜歡美勞的芭比也會吃醋。若是安娜跑去跟凱思婷或蘿拉玩個扮家家酒，哈，就像今天，芭比和蔁拉便齊聲大喊：

「我—們—不—跟—安—娜—好—了！」

氣嘟嘟的安娜翹著嘴坐在餐桌前，連剛剛才為她打好的香蕉牛奶也不碰，可見這位小姐真的生氣極啦！望著她粉嫩的小臉，我忍然問她，今天穿了公主裝去學校（只要粉紅色的衣服都是她所謂的「公主裝」），有沒有人說她漂亮呀？畢竟，講到漂亮衣服，小女生總會眉開眼笑！果然，安娜馬上一臉溫柔又甜蜜地說：「有呀，雷尼說我很漂亮！」啊？雷尼？那個常和菲力斯打在一起的雷尼？自從安娜對我說過雷尼是她的王子後，做媽的我一聽到雷尼就神經兮兮的。當我想繼續追問下去，安娜又開口了：

「可是芭比和蔁拉都說我不漂亮……」

蘿拉（左）、安娜、凱思婷三個女孩人生中的第一次：第一次進電影院，以及第一次這麼近與莉莉菲面對面！當天，三個女孩樂得笑咪咪，可惜電影院的莉莉菲大型看板已拆除，還好隔壁玩具店仍有張小海報，果然，三個女孩看到了都興奮地同時尖叫！

「哦……那，除了雷尼，還有誰說妳漂亮？」

「凱思婷和蘿拉，還有菲力斯！」

說著說著，安娜滿臉又充滿了幸福。接著她說：「媽媽，我和凱思婷還有蘿拉現在是好朋友喔！」

這也沒錯，凱思婷和蘿拉算是安娜目前最要好，或說最熟識的二位德國同學。或許是因為我們媽咪私下談得來，而孩子們下午剛好也一起參加音樂課和教會活動的緣故。不過，即使安娜與凱思婷和蘿拉的交情很不錯，但也只限下午這段課餘時間。因為只要到了學校，她仍舊和芭比、蔫拉糾在一塊兒。只是最近在校園，開始常見她與凱思婷玩在一起，這又是怎麼一回事？狗仔的媽咪我馬上把握機會問了安娜：

「妳……現在跟凱思婷，好像很要好喔？！」

「嗯，對啊，因為我們都喜歡莉莉菲呀！」

哦，莉莉菲！原來是莉莉菲呀！剛好上禮拜，莉莉菲的第一部電影在德國開始上映了。這位德國三至六歲女孩最愛的莉莉菲公主，不知已讓多少媽媽的荷包大失血了。不過，別說別人，瞧瞧自己家裡，不也全是莉莉菲的影子！去年聖誕，我和安爸的腦筋可能一時當了機，竟還敗回一張莉莉菲的公主床。當然不是給我

我最喜歡莉莉菲了！而且你看，我會寫她的名字了呦！她可以變出好多好多的東西，每天都很快樂！（安媽咪補充：還沒教她小寫字母，安娜已從故事書和塗鴉中學到不少。也從莉莉菲的名字開始，她注意到有小寫字母後，像發現新大陸一樣地高興！）

這位還在做公主夢的媽咪睡的，而是為了我們的寶貝小公主！

「媽媽，我和凱思婷都是莉莉菲喔！」

這年紀的安娜，愛莉莉菲愛到認為自己也是莉莉菲。她一直對我強調，她和凱思婷有多麼喜歡莉莉菲後，馬上跑到房間套上仙女裙，再衝回了客廳要求著我：「媽媽，媽媽，我什麼時候可以去凱思婷家玩？」

去凱思婷家？對喔，好一陣子沒去她家了。只是看看這週和下週的約會日曆，嗯，週一諾拉要來，週三跟蘿拉……正當我準備撥電話給妮可時（凱思婷的母親），電話響了。

「妳好，我是希點（蒂拉的母親）！」

一聽到是希點的來電，我馬上跟安娜說是蒂拉媽咪打來的。沒想到，之前還對蒂拉怒氣沖沖的安娜，此時卻抓著我的手臂拚命地大喊著：

「媽媽，蒂拉今天來我們家玩嗎？現在嗎？拜託、拜託嘛！」

當我掛上電話並告訴安娜，我和希點約好了下週四的約訪時間後，她馬上歡呼了起來，還一直跟我道謝，好像我為她做了什麼天大的好事。至於凱思婷哩？正想問安娜，她人已興奮到聽不見我說什麼了！

這就是安娜。四歲半的安娜。

朋友對她而言，永遠是朋友。無論再怎麼吵再怎麼鬧，永遠都還是朋友。而當晚安娜上床時，突然也問了我，有沒有打給凱思婷和雷尼的媽媽？可見，他們也都是安娜心中少不了的朋友呢！只是，雷尼？怎麼又提起雷尼了？

⊙安媽咪・安靜想⊙

每次蘿拉和安娜玩到最後，她們總是手拉著手說：「我們是最好的朋友！」而凱思婷和安娜也總在瘋了一整個下午後，在門口吻別到連我們媽媽都受不了。但當我見到安娜與蓎拉咯咯笑地躲在公主帳篷裡時，我感受到了，她是她最要好的朋友。才四歲半的安娜，就能擁有這許多好友，盡情地享受友誼，真替她感到高興！

安娜和蓎拉一起畫圖。蓎拉雖只差安娜半歲，但卻有八九歲孩子的繪畫天分。也多虧了熱心的蓎拉，安娜學了不少，像是安娜圖中的星星，便是蓎拉教她的呢！

你有，我也要！

才四歲多的安娜，竟然開始有同儕壓力了！

上學前，我將洗乾淨的泥巴褲摺放在安娜的小背包時，她卻一臉臭臭的說，她不想穿這件。接著，突然放聲大哭，搞了半天才知道，原來她想要穿像蕾拉和芭比她們那樣的粉紅泥巴褲和雨鞋！

學校裡，安娜、蕾拉和芭比膩在一起，玩在一塊，總是喜歡交換古怪有趣的行為和話語。就像前天早晨，當安娜穿鞋時，突然將鞋面的二條魔鬼氈故意交錯成X的形狀，然後得意洋洋地對我說，這是芭比教她的，酷吧！我傻眼地盯著她的傑作，安爸則唸了她一句怎麼不好好黏上（老公，我們老了！）。今早，幫安娜梳頭時，她要求我綁個「蕾拉式」的辮子，就是瀏海旁紮上二條細細的小麻花辮，而且還得用特定顏色的髮圈。鞋子的事，我笑笑就算了，髮型我也由她。因為我能理解，在小團體裡，孩子總希望擁有一樣的東西或相似的外表。只是這種我以為要等到小學或中學，才會漸漸出現的同儕壓力或影響力，沒想到已出現在四歲的女兒身上了。

或許是女孩子吧！安娜三歲多便開始愛美愛漂亮，除了希望每天都穿粉紅色的衣服，有時也會要求我：「媽媽我要買像芭比那樣的雨傘⋯媽媽我要有小探險家朵拉圖案的包包⋯媽媽，可不可以買蕾拉上次穿的海綿寶寶的裙子嘛！」不過物質這方面，我們就不讓步了。除了生日和聖誕節，孩子可以有特別的要求外，平時衣物的購買權，仍由我們主導。

說起孩子的衣物，做父母的都知道，每個階段的衣服最多穿個一年、二年，尺寸又得往上跳。因此若親朋好友間有提供任何衣物，我們向來總非常樂意接收。而老二弟弟出生後，穿的幾乎也都是安娜姊姊的衣服。其實，自從我們得知老二是個男孩，每當購買安娜的衣物，便刻意挑選中性色系。這麼做的目的，純粹是想省點錢，以及增加衣物再運用的價值。只是隨著安娜與尼克的年齡增長，尤其當他們開始越來越有主見後，就比較難這麼做。只是，該怎麼和才四歲半的她談物質與金錢觀？

這天，聽到安娜抱怨著想要跟芭比和蓆拉一樣的泥巴褲，我和安爸商量了一下，決定還是買件新的給她，並讓她自行挑選顏色。因為目前的泥巴褲，確實是顧慮到尼克才選擇的咖啡色，加上安娜穿起來也有點小了。於是下午，我翻開兒童服飾型錄，挑了幾款讓安娜參考：

「妳看，這粉紅色的泥巴褲，喜歡嗎？」

「可是沒有朵拉在上面，我要像芭比那樣的……」

見到安娜噘著嘴，我得到了預期中的答案，便嘗試跟她解釋。我說，我無法為妳買下所有妳想要的東西，因為我們不可能跟其他人一模一樣。每個媽媽去的商店不同，可以買到的東西也不一

⊙安媽咪・安靜想⊙

跟幼稚園的孩子解釋金錢與物質觀是不容易的。但像是孩子間「你有我也要」的比較，以及藉由相同物品而獲得認同的行為，其實也存在於成人世界裡。在這方面，依安娜和尼克目前的年齡，我們尚能運用些影響力，只是再過幾年，父母的意見恐怕遠不如同儕的壓力了。如何在滿足孩子需求的同時，讓他們對金錢之運用也有概念，仍是我們正在摸索的課題。

樣。我知道妳喜歡芭比的泥巴褲，但她也喜歡妳的公主毛衣，可是她的爸爸媽媽也無法幫她買到跟妳一模一樣的公主毛衣，是不是？

看似理性的安娜點了點頭。我再指指型錄上的泥巴褲說，我可以買的就是這幾種，她可以從中選擇（當然，也強調了這些都是莉莉菲公主喜歡穿的呦！）。雖然安娜個性上有時超倔強，但這方面的要求，她還算是挺認分的，至少慢慢地，似乎也能接受了「每個人非處處相同，也不需處處一樣」的觀念。

幾天後的一個早晨，安娜忽然說想帶以前那條咖啡色泥巴褲去學校。我聽了暗暗吃了一驚，想說怎麼她突然想通了！裝作若無其事的我，再次把泥巴褲裝進她的背包時，卻見她一臉興奮地笑著：「媽媽，妳知道嗎？諾拉也有跟我一樣的泥巴褲耶！它也是咖啡色的喔！我和她的是一樣的呦……」

左看右看・文化大探索

七點晚安

相信嗎？德國孩子七點就上床了！

七點一到，晚安！

沒錯，這是德國學齡前孩子的標準就寢時間。當然不是所有德國孩子都這麼早上床，但就像台灣小朋友一般九點睡覺一樣，只是在德國提早了二個小時。

早在安娜出生後，我們便從許多德國鄰居與朋友間得知「孩子七點睡覺」的這個習慣。怎麼可能？我和安爸一直覺得很不可思議。因為當時才幾個月大的安娜，拜託，管她八點還十點上床，只要她晚上能安靜地連續睡個八小時，我們就已阿彌陀佛、謝天謝地了！

直到安娜一歲多，有次聽朋友提起，他們總是趁孩子上床後，請保母來家裡看顧，如此便可參加星期二晚上八點的那堂社交舞。

「喔，還跳舞？老天，你們馬克幾點睡啊？」

「七點呀。」朋友莫名其妙地望著我。

七點？你指晚上七點？後來問了不少德國媽媽，發現真的許多德國孩子都是七點上床。若我不小心提到，我們安娜總是拖到八點半甚至九點才睡覺時，往往遭來異樣的眼光，就好像，我們是外星人一樣。

安娜每晚自己打開這盞莉莉菲夜燈，就跳上床囉！剛開始為了讓她自己睡，安爸還特別買張洋娃娃的小床，擺在安娜床頭。於是每晚，她先為娃娃蓋上被子後，打開小燈，便乖乖鑽進被窩裡。

尼克出生後，他的作息出乎意料地跟書上寫的一樣「正常」。不知不覺，他也成了「七點晚安」的寶寶。雖然安娜還不習慣晚上七點入睡，但跟著弟弟「晚七睡、朝七起」的作息，後來至少也成為「八點晚安」的孩子。

德國給小朋友的電視節目並不像台灣那樣豐富。但每晚六點五十分開始，便是〈小沙人〉（Sandmännchen）為德國孩子說晚安故事的時間。在德國，有些家長完全不讓幼兒接觸電視。但孩子滿一、二歲，在睡前看個小沙人，則是能被接受的。

深受德國孩子喜愛的小沙人，歷史其實相當悠久，就連安爸，也曾是個標準的小沙人迷！正因如此代代相傳，小沙人在德國幾乎是個「準備上床」的代名詞。這個節目之所以倍受歡迎，除了主題音樂非常平靜柔和，它所播放的時段，剛好是短短的十分鐘，內容也非常適合小小孩觀賞。因此，對許多德國小朋友而言，在睡前讓小沙人為他們說個故事，算是一項例行的生活習慣。這就像他們白天吃麵包，是絕對要放上一片乳酪或火腿片那樣的理所當然。

安娜的同學芬亞就是小沙人的忠實觀眾。有一天她來找安娜玩，到了傍晚媽媽接她回家時，她邊打哈欠邊問媽咪：

這位身穿紅衣的，正是德國著名的小沙人。德國有許多兒童雜誌，都以著名的卡通或故事書人物為主，在小沙人的雜誌裡，除了許多小故事，也有著色圖和簡易美勞。

「媽媽，我還可以看小沙人嗎？」

「當然可以，他在家裡等著妳呢，看完馬上睡覺囉！」

蘿拉的媽媽也是讓她三個孩子看完小沙人後，才送孩子進房間。不過之後她還會說個故事，才正式跟孩子們道晚安。而尤納斯和蒂拉就沒看小沙人的習慣了。上床前，媽媽會為他們唸本書，或一起玩個小遊戲後才熄燈。

至於我們家的安娜和尼克，也沒習慣看小沙人。因此平日傍晚六點半開始，我便慢慢趕他們上樓去，二個孩子梳洗一番後，便各自到房裡，等待我和安爸說晚安故事。有時興致一來，多講了一、二篇故事，或者和安娜多聊了幾句，往往也拖到快八點，孩子們才真正入睡。

我記得之前回台灣度假時，要「堅守」孩子七點入睡，是根本做不到的。後來將上床時間延至八點後，但往往不到八點半，安娜和尼克便開始輪流打呼，而這已讓許多親友們嘖嘖稱奇了，怎麼小朋友可以這麼早就睡啦？當時，我們聽到許多台灣朋友的孩子們，多半跟著爸媽拖到晚上九、十點甚至十一點才上床，我們也覺得很不可思議，彷彿我們又變成外星人了！

⊙安媽咪．安靜想⊙

每個社會有各自的傳統，沒有誰對誰錯、誰好誰不好。畢竟，這是在整體文化下衍生出來的家庭習慣。但孩子能夠早點睡覺、定時起床，對健康絕對有益。就我們的經驗，孩子早睡還有二個好處，除了父母在晚間可以利用的時間增多了，孩子也不容易賴床，甚至還能當父母的定時鬧鐘呢！想起來，我和安爸除了廚房烹煮時需要用到計時器外，已經很久沒用過任何鬧鐘。因為每早五、六點，安娜都會跳上我們的床，而尼克，他也超準時的，六點四十五分整，便會用他憨厚低沉的聲音叫醒我：「媽媽，妳起來了嗎？」

故事時間

說故事不一定要有什麼目的，有時只是一種自然的習慣。

我還記得懷第一胎時，很喜歡看某個德國尿布的廣告。畫面開始是一對父子，爸爸一手抱著孩子，一手拿著書對寶寶唸著：「火車嘟嘟嘟～」故事說完，爸爸將寶寶放入嬰兒床，道了聲晚安。就這樣，每晚爸爸唸著同樣的故事。而某天，寶寶突然冒出了：「嘟～嘟～嘟～」那位爸爸是又驚又喜，眉開眼笑！

我很喜歡這個廣告，因為當時覺得，每天晚上能這樣唸故事給孩子聽，一定很幸福。當然囉，我自己也曾偷偷希望，將來孩子的爹能夠像廣告中那樣，每天都為我們的小寶貝說個晚安故事。想到這裡，心裡便覺得很安慰，因為當初的夢想的確實現了。不是指孩子穿了某品牌的尿布而好眠一整夜，而是現在老二都三歲了，我和安爸仍維持每晚說故事的習慣。不過，在接觸了許多德國家庭時發現，陪孩子們看本書、講篇故事，對於德國父母，似乎是再平常不過的事。

我還記得去年暑假，安娜和諾拉一起到同學蘿拉家玩。因為放假，蘿拉媽也邀我們媽媽一起早餐。那天的餐桌上，坐著我們大人和蘿拉的小妹。而其他孩子，包括尼克和諾拉的妹妹以及蘿拉的弟弟，則圍在沙發的茶几旁，有人吃麵包，有人翻著書。不過孩子們畢竟年紀還小，尤其諾拉和妹妹頭一回到蘿拉家，結果不到五分鐘，二個小女孩便黏著媽咪不放了。

「飽了嗎？」諾拉的媽媽先將老二抱起。

「媽媽，唸這本——」諾拉將抱在胸前的書，遞給她媽媽。

結果，老大坐在左腿，老二坐在右腿，諾拉媽左擁右抱的。

孩子們都是愛聽故事的。因此當諾拉媽一開口，原本在一旁追逐嬉鬧的小朋友，馬上自動湊了過來，安靜地圍著說故事的她。就這樣，這本說完，蘿拉跑去拿了第二本。第二本說完，安娜又遞上了第三本。不過，一刻鐘的時間，差不多也用完了這年紀孩子的耐心。當第三本還沒翻到最後一頁時，孩子們一個個早已自動散場，紛紛跑去房間玩了。

蘿拉有先天性語言發展遲緩的問題，每週三都要定期接受復健治療。而唸故事和玩紙上遊戲，算是父母可以自己在家裡做的「治療」方式。但若蘿拉不想聽，媽媽並不會逼她聽，她若不想玩、不願多講話，媽媽也不強迫她。只是一旦蘿拉拿起書要她老媽唸，蘿拉媽曾這麼形容：「我澡還沒洗完、菜才切到一半，也會馬上放下所有的事情，先陪她說個故事。」真的，就有這麼一回，蘿拉媽澡才洗到一半，連洗髮精都沒沖乾淨，便裹著浴袍衝出來，只因為蘿拉想聽媽媽唸一篇故事！

有三個孩子的蘿拉媽，每天都盡量找時間唸故事給孩子們聽。

雖然光是家務已忙得不可開交，但因為她從小是個愛聽故事的孩子，所以只要找到一點時間或者想唸故事的心情（這對所有的「說書者」是尤其重要呢！），便主動與孩子們一起看書、一起說故事。

安娜的同學諾拉，本身就非常喜愛故事書。由於她學期中才進入幼稚園，剛開始一個朋友也沒有，因此以往接送安娜上學時，總見到她抱著書站在一旁。當然，這種現象在她慢慢找到玩伴後，就比較少見。

不過諾拉的確是很愛故事書的，尤其是那種「亮晶晶的故事書」（Glitzerbuch）。那天早餐，諾拉媽唸完了故事，便和我們提到諾拉只愛「亮晶晶故事書」的這個愛好。她以為，一般三、四歲的女孩，漸漸會有自己喜愛的故事主題，例如公主、仙女之類的。不過諾拉選書卻不是因為故事內容，而是書上是否有亮晶晶的裝飾。諾拉媽還曾這麼誇張地告訴我們：「只要有亮晶晶，即使海盜王，也可以成為她的最愛！」

至於安娜和尼克，也是喜愛故事書。時常在他們嘻鬧過度時，只要我喊一聲：「好了，到櫃子找本書看！」二個孩子就像被我施了魔法似的，自動跑去翻書——但這只是「有時候」而已。不過，若此時突然聽見安爸喊著：「誰要聽故事？」立刻，孩子們

⊙安媽咪・安靜想⊙

好幾年前開始，台灣掀起了繪本熱，一時間，故事屋、故事媽媽等說故事的活動和團體越來越多。德國也有類似的說故事活動，不過對許多德國孩子而言，在家聽父母說故事，就像每天刷牙洗臉那樣理所當然。相對於德國父母，台灣家長因為工作、生活型態以及文化觀念的不同，的確是較少時間可以專心為孩子好好唸本書。雖然許多台灣父母會買有聲書，讓孩子們自己聽故事。但對於德國父母而言，為孩子說個故事，其實不見得想要孩子了解其中的內容。有時候，純粹只想增加與兒女間的互動，或者，只是一種自然的習慣而已。

我最喜歡爸爸和媽媽唸故事給我聽了！

搖身變成了小綿羊，笑咪咪地跑到爹地面前，還甚至會自動把玩具都收拾好，只為了可以聽爸爸唸故事！

生日禮物

孩子生日前的一項大功課，竟然被我忽略了……

安娜前幾次被邀請參加同學的慶生會時，我很粗心，或說，完全沒意識到，其實應該先詢問那位同學或他的父母，該買什麼樣的禮物。

這回，換安娜過生日了。德國的家長在這方面都很正式。雖然發送邀請卡的前二個星期，我們已口頭邀請了對方。但許多家長在收到邀請卡後，才確認自己的孩子正式被邀請，此時，也紛紛開始問安娜想要什麼生日禮物。

不過，一個正準備過四歲生日的孩子，能回答出來的，總是直接又真實，但又有點不實際，像是腳踏車、給洋娃娃坐的提籃式椅座之類的願望，價位也不符合班上的行情。另外，很大的足球（我們猜她指的是籃球）、棒棒糖、鉛筆、跳繩這些家裡已經有的東西，也是她對大家說的生日願望。

慶生會前一個禮拜，蘿拉一家來訪時，安娜將卡片遞給她。一如所料，當她收到卡片，笑得合不攏嘴。倒是蘿拉的媽媽一臉認真地向我道謝。接著，她問了安娜，想要什麼禮物呢？

「……」

安娜看著蘿拉的媽媽，不發一語地笑著。於是蘿拉媽便跟我商量

拆禮物的小遊戲：找個空的寶特瓶，用花紙巾包裝好，並請小朋友圍成圈圈坐在地上，若瓶子轉到誰，誰就有機會拿禮物送給的小壽星。打開禮物前，大家可以一起先讀讀卡片，並猜猜是什麼禮物喔！

該買什麼好。不過當時，我基於自以為的「禮貌」，並無提出任何的建議。事實上，我們也只覺得這是個讓孩子們聚聚、快快樂樂的生日趴而已。一本小書或一小塊拼圖，孩子都會很高興的！所以對蘿拉媽媽提出的問題，我大意地沒放在心上。

隔天，芬亞的媽咪來電了。她也直接問了安娜想要什麼禮物。當時剛好正跟我要影片看的安娜，突然對芬亞媽說了一句：

「我要DVD！」

「DVD？什麼樣的DVD？」

「新的巧虎DVD！」

芬亞媽愣了愣，我於是把電話接了過來。只是當她問我，安娜有什麼願望時，我一時也答不上來。最後，便匆匆提議說，一本故事書吧！

就這樣，許多家長陸續來電，有幾位媽媽甚至合資，覺得如此可以買到更好的禮物。當艾利亞的媽咪跟我提到，使用合資的禮金，就足夠幫安娜的洋娃娃買個腳踏車的小椅座加安全帽（因為她們得知安娜剛有了一輛腳踏車，也知道安娜那陣子喜歡玩娃娃），我在訝異之餘，也才明白，原來許多德國孩子心中的夢想玩具，都是在生日時這麼獲得的。

洋娃娃戴的安全帽和迷你椅座，就是同學們合送的生日禮物。好天氣時，安娜喜歡這樣載著娃娃到處跑！

芬亞和安娜在拆開禮物時，竟然馬上讀了起來，完全忘記遊戲還在進行中。

安娜的生日終於來臨。最讓安娜興奮不已的，除了許多小朋友來到自己家中，就是那一份又一份的禮物了。為了讓這十二個小小孩在三、四個小時的慶生會中玩得高興，除了切蛋糕、吃點心，我們也安排了幾項活動。當然，拆禮物算是生日派對的重頭戲！只是怎麼拆？先拆誰的？若胡亂全打開，可能場面就極難控制了。

之前去書局替安娜尋找某個小禮物時，熱心的老板娘跟我們建議了幾個不錯的生日遊戲。其中拆禮物的小遊戲，對這群三～五歲的孩子們是最適合不過的了，不但能讓每個孩子都有發言或表現的機會，而且整場遊戲玩下來，至少也有半個小時以上。因此，為了怕禮物亂掉，我於是在小朋友進門時，努力將小朋友的禮物先記好。只是拆禮物時，幾位孩子的禮物仍被我搞混。也正如此，我才發現，原來每個孩子都記得自己帶來的禮物！不只是記得禮物的包裝，就連內容，小朋友也是一清二楚。雖然我們要大家一起猜猜看，但興奮到嘴都合不攏的孩子們，總是迫不及待地說出了自己帶來的禮物，以及何時跟媽媽去哪裡挑選的。

四歲多的艾利亞、蘿拉、凱思婷和雷尼，合送安娜一套洋娃娃的腳踏車安全帽和小椅座。忽然，艾利亞還拿出了一顆大大的皮球說，這是他自己要另外送給安娜的，因為安娜曾說過她喜歡很大很大的球！三歲半的諾拉也很可愛，生性害羞的她，慢慢走去櫃

子拿了包裝好的故事書給安娜，並囑咐她要小心地拆開。輪到芬亞拿來禮物時，她早已忍不住開口說，她也有一本一模一樣的哦！而當安娜拆開後，芬亞馬上靠向安娜，為她一一講解其中的內容。結果，二個孩子就這麼坐了下來，一起翻著書，完全忘了拆禮物的活動還未結束哩！

安娜過四歲生日的同時，讓我發現了不同文化的教養習慣。因為這場慶生會，我明顯地察覺到，德國媽媽在許多小事上，都盡量給予孩子足夠的空間與自主權。有同學的媽媽甚至比我還用心，從我們聊天中得知安娜也開始注意自己的身體，便挑選了相關的書籍。有些小朋友則是私下得知安娜喜歡什麼，而要求父母購買。

或許在這方面，像我這樣的東方父母，是該學習適度的放手，不需要處處替孩子們做主。當然，因為生活與文化所養成的某些觀念和習慣，無法說改就改。不過，在安娜和尼克的下一個生日來臨前，我至少知道得先把功課做好！在發出邀請函前，一定要準備一張價格合理又容易買到的禮物名單，別讓對方覺得又是個難題了。

⊙安媽咪・安靜想⊙

入境隨俗，其實並非如此容易。許多不成文的當地小習俗，總是在生活中遇上才知道，有時還真令人不知所措。就像慶生會是該在生日前或生日後舉辦？起初我們按台灣的觀念，想於生日前替安娜辦慶生，但諾拉媽和蘿拉媽卻不約而同地問我：「她的生日不是還沒過？」

而就在安娜的慶生會結束時，一位波蘭女孩的父親不解地問著，她女兒手上的一小袋糖果和禮物是什麼？我說那是給孩子們帶回去的「生日袋」（**Geburtstagstüte**）。沒想到他卻說，怎麼參加別人的生日還有東西可以拿？雷尼的母親馬上幫我解釋，這是德國小朋友慶生會的一項習俗。雖然見他仍摸不著頭腦，但當所有的德國媽媽都拍拍他不用介意時，我忽然領悟到，這種生活中的交流，也是一種學習。如今托了孩子的福，讓我有機會能夠更加認識這個文化、了解這個國家。

我四歲了！我的小貓也四歲了、我的蝴蝶也四歲、我的太陽也四歲、我的星星也四歲、還有我的棒棒糖也是四歲！

諾拉給安娜的生日邀請很特別喔，是用一顆糖果包起來的。那其實是用衛生紙捲筒和包裝紙做成的糖果盒！裡頭除了邀請卡，諾拉還放了好多小亮片，所以拆開時，讓安娜驚喜萬分！

安媽咪
情報站

德國小朋友的慶生會

生日，對所有的小朋友都是意義重大的。當台灣小朋友吹著生日蛋糕上的蠟燭，德國孩子們則圍著一塊生日燭台或一輛生日火車，高唱著Happy Birthday！早在進入幼稚園前，每當孩子生日，德國媽媽便會邀請透過寶寶活動認識的媽咪和小朋友，一起到家裡來聚聚。孩子上了幼稚園後，生日除了與親友慶祝外，也會舉辦一場只有小朋友的生日趴。

德國父母從小就讓孩子參與生活中的各種事物，因此準備慶生會的細節，當然也不會是媽咪一人的工作。像是邀請卡，多半由孩子親手畫製，雖然背後總有點媽媽們的巧思。而邀請人數和名單，四、五歲的小壽星，意見絕對比父母還多。在生日當天，一起吹氣球、拉彩帶，甚至準備好飲料餐盤，身為主角的孩子也總是個小幫手。

在德國，這種四至六歲孩子們的慶生會，多半於自己家中舉行。這三、四個小時內，除了讓孩子們在花園或屋內自由玩耍，壽星的父母也會帶領小朋友做些遊戲。而最後的半個小時，又餓又累的孩子們總是可以乖乖坐在餐桌上，吃著簡單的香腸麵包和沙拉。之後每個人手中提著小小的生日袋，依依不捨地說拜拜！

安娜正繪製給小朋友們的生日邀請卡。

安娜在班上的小小慶生會。這天我們提供了蛋糕，而老師則為安娜準備生日燭台和一份禮物，大家排排坐好，都等著唱完生日快樂歌吃蛋糕了！

電視兒童

到底，該不該給孩子看電視？

記得剛到德國時，我宿舍的小房間什麼都沒買，卻先抱了台電視回來。當時與我交換語言學習的德國同學，見到我才剛搬來便買了電視，驚訝到不行，好像我房裡擺了顆大鑽石那樣奇特。後來唸書的那幾年才慢慢發現，其實許多德國年輕人——至少我接觸到的德國朋友們，竟然沒有看電視的習慣（但不代表宿舍或家裡沒電視）。我曾問他們，是如何取得新聞和生活資訊？

「廣播、報紙和雜誌。」

「如果有重大新聞還是會看電視。」

「哦，足球轉播賽當然一定開囉！」

我一直記得我的大學同學史文曾這麼慎重地強調過。事實上也如此，只要足球季一展開，大夥便圍著電視不放。除此之外，唯一贊成學生看電視的，只有我的指導教授尼卡。他時常對我說：「外國學生多看德國電視，可以學習不同的用語，也可了解德國的社會現象……」

十年後的某一天。

四歲多的安娜中午放學回到家，總直接往二樓跑。尤其這陣子，她非常喜歡一個人待在她的小房間裡。以往下午，我會安排他們看些國語發音的卡通影片。娛樂之外，想讓他們除了媽咪的嘮

與其坐在電視前，把大床當成海盜船，對這二個孩子更具引吸力。

叨，也能多聽點中文。只是安娜滿四歲前後，漸漸沒心思在電視或影片上了。這個別人家覺得不用擔心的問題，卻讓我起了疑慮。

老二尼克總愛跟著姊姊屁股跑。姊姊看電視，他也坐著看。姊姊翻書，他也跟著翻。但最近姊姊想要一個人獨處，一個人看書，一個人畫圖。而弟弟呢？我只好要求他尊重姊姊。不過，被姊姊關在門外的他，似乎也沒什麼心情跟媽咪玩。頂多，自己玩著心愛的湯瑪士小火車。讓我感到意外的是，快滿三歲的尼克，在這種極端無聊的狀況下，卻很少主動說要看電視。

安娜出生後，我們並無刻意讓安娜不看電視。曾經，安爸還試了幾次德國當地的兒童節目，只是安娜不但毫無興趣，甚至把電視給直接關了！直到她接觸某中文學習教材，的確好一陣子，成天嚷著說要看中文影片。然而，我和安爸心裡都很明白，電視就像糖果一樣，沒有一個孩子是不愛糖的。只要你給孩子一顆，他會再向妳要第二顆，這是正常的反應。不過，糖和影片不算什麼「壞東西」，端看父母如何給予與運用。就在她開始接觸這中文教材的影片後，我們也才認真地思考著，該讓她看些什麼？看多少？甚至也想過，這麼小的孩子，到底適合看電視嗎？

德國晚間七點前有個〈小沙人〉的節目。有不少限制小孩接觸電

二個孩子一起跟大家擠在農場的大卡車上，有如跳進卡通場景般，興奮極了！

視的德國家長，卻也允許孩子們欣賞這段小影片當作睡前故事。而有些德國父母，晚間五、六點便讓孩子收看一連串的卡通節目。當然也有家庭的小朋友，一大早便打開電視了。

安娜和尼克，不知為何，一點也不愛看小沙人。曾經，我們在晚上六點讓她們看些卡通，但到了七、八點的上床時間，二個孩子卻總顯得極為躁動。於是，我們改以晨間兒童節目取代，並跟孩子們打勾勾約定好，要吃完早餐才能看〈小藍象〉這個節目。如此一來，早餐不但有效率，整個家庭的晨間作息也有了新的秩序。雖然如此，有時早餐後，安娜忙著畫圖、尼克忙著排火車，不知不覺也忘了小藍象這回事。

前陣子在網路上，我們定時收看了〈魯冰花〉和〈花樹下的約定〉兩齣戲劇。每當連續劇的主題曲一開始，安娜就會主動跑來，與我並肩觀賞。這二部以客語為主的影片，因自己看慣了字幕，不會去注意客語的發音與說法。倒是安娜，老問我這個人說什麼？那是什麼意思？沉浸在劇情中的我，只粗略地提醒她可以參考字幕（她三歲半就認得約三百字，現在四歲半應該又多了些）。就這樣，她發現有很多媽媽看的連續劇，自己也能看得懂，其中有些國語發音的台詞也聽得懂，讓她挺興奮的！

不過除了那二部戲劇和公視製作的〈水果冰淇淋〉節目，安娜對

我最喜歡朵拉了！因為她跟我一樣有黑黑的頭髮。而且她會說英文，很棒喔！

其他中文節目的興趣並不大。一位朋友聽我這麼說起安娜的電視史，馬上驚訝地問我，難道不擔心安娜變成電視兒童嗎？我想了想，誰喜歡自己的孩子被人說成是「電視兒童」？畢竟，這也不是個怎麼正面的稱呼吧（尤其在德國）。但誠實而言，我和安爸對於這四個字沒想這麼多。因為往往我們打開電視，多半含有某種「目的」：讓安娜多聽中文、讓尼克早一點接觸更多的德文、跟孩子們探究企鵝的一生、觀察野山羊爬坡生存的實況、帶他們認識夏威夷的火山、有時則一起觀賞僑委會提供的台灣節慶影片……

在德國這個較為孤僻的生活環境，電視這媒體，可以成為一項好用的工具。然而，我們也時常提醒自己，它只能是學習與接觸外界的一種方式，不能是唯一的。否則開著電視放任不管，孩子成了真正的「電視兒童」，而我們，也將是名副其實的「電視爹娘」吧！

⊙安媽咪・安靜想⊙

如果我說，德國人都不看電視，那是騙人的。但接觸德國家庭的經驗中，的確發現，有許多父母嚴格限制孩子看電視的時間與內容，至少表面上大家都這麼說。但這並非意謂著德國沒有「電視兒童」的問題，否則在育兒雜誌裡，也不會將「電視」列為熱門話題了！

若說，我從未將電視拿來作為孩子的「保母」，那也是騙人的。孩子觀看影片時，我趕緊處理繁鎖的家務，或是偷個懶喘口氣，都是一種時間的運用（當然有個前提，我自己陪看過此部影片）。尤其在這種附近無親友相助的生活環境，全職主婦要做的事，絕對無法在二個小小孩子醒著時全部完成——至少我做不到。在我眼中，電視當作孩子的臨時保母，沒什麼不可以。重點在於，這位保母是整天看守？或只限時出現？這分寸的拿捏，每個家庭與孩子的狀況不同，並無一定的標準。

在卡通裡看到小朋友們玩稻草，不如親身體驗。果然，尼克玩得不想回家了！

安媽咪
情報站

德國孩童的電視習慣

一般印象中，德國父母似乎嚴格限制孩子看電視，在實際生活中到底如何？德國知名育兒雜誌《父母》（Eltern）於2008年的調查顯示，絕大部分的德國父母仍是有讓孩子接觸電視，但約六成以上的父母對於收看時間有限制。

一歲以下的小嬰兒，已有13%被父母允許固定收看電視（主要收看的節目是德國著名的睡前故事〈小沙人〉）。有60%的二歲幼童也已可定時觀賞節目，而此項比例在四歲孩童中卻高達96%。另外，三至五歲的孩子，每日平均看73分鐘的電視。四、五歲的德國小朋友，每十人中已有一人在房裡擁有自己的電視。

家長態度方面，約64%家長認為，電視在家中並不是個難題，因孩子皆能遵守規定。有22%家長反應，孩子總是會吵著想看更多的電視而與父母有爭執。剩下的14%家長則表示，自己讓孩子看太多的電視，心裡感到不安與羞愧。

這份由育兒雜誌所進行的網路調查結果，與「德國國際青少年教育電視中心」（Internationales Zentralinstitut für das Jugend- und Bildungsfernsehen）所提供的數據差距不大。而研究調查後也出現共同的結論：德國孩童收看電視的時間越來越長，年齡層也逐漸偏低。對德國父母而言，將來勢必是個熱門的育兒話題。

德國知名的育兒雜誌《父母》（Eltern）。

這是一本針對兒童分析電視節目的小冊子，由「電視節目建議協會」（Programmberatung für Eltern e.V.）提供。每四個月出刊一次，供民眾免費索取。除了「德國國際青少年教育電視中心」是其中的會員外，德國各邦的首要媒體協會，皆為此協會主要成員。

腳踏車的教育思維

德國孩子若不善待自己的腳踏車，後果可是要自行負責！

帶安娜去音樂教室途中，見到她同學雷歐和媽媽各牽了台腳踏車走在前方。向來對腳踏車非常著迷的安娜，每每在路上見到小朋友騎著單車，總是看得目瞪口呆。有時甚至目送著腳踏車騎到不見身影了，她才慢慢回過神來讚嘆著：「嘩——好棒、好棒、好棒的腳踏車呦！」

當然，那天也不例外。尤其看到雷歐牽著全新的腳踏車，紅黃黑相間的火焰圖色，又是越野的款式，安娜馬上把聲音壓得很低地對我耳語著：「媽媽呀，我也好想要一台喔……」

安娜三歲開始騎腳滑車（Laufrad，一種沒有踏板的學習型腳踏車），四歲生日有了腳踏車，但停了大半年，直到春天才開始真的騎它。就在騎了三個多禮拜後，某天她忽然告訴我們想拿掉輔助輪。而安爸將輔助輪拆掉的第一天，她竟然就會騎了！由於步行到校只有五分鐘，基本上並非每天都有機會騎。因此每次一騎車，總是特別珍惜，並乖乖遵守規則和約定。

姑且不論為何安娜會喜歡這種男孩款的腳踏車，但她露出那副超羨慕的表情，已讓雷歐覺得很神氣！因此，當他牽著腳踏車走在我們前面時，便頻頻回頭對安娜說：「妳看，這是十八吋的喔，是我五歲的生日禮物！十八吋的耶！」

二個孩子光在前院騎車玩車，就可以耗掉一整個下午。

尼克和他心愛的滑板車，快滿三歲的他還不太會滑，但光用牽的，他已過癮極了！

安娜和其他同齡的德國孩子參加市府開辦的音樂學校，是借用附近一所小學的音樂教室來上課。在德國，一般公立國小很少有所謂的「校門」，許多小學甚至與公園綠地或遊戲區相連在一塊兒，任何市民孩童皆能使用。而安娜上音樂課的這所小學也無大門，但入口處有二個大欄杆交錯擋著。一般德國孩子騎的輪徑十二或十六吋的迷你腳踏車，還算能輕易通過。而像雷歐這台十八吋的兒童單車，其實也不難牽入。但或許他對新車仍未上手，站在後方等待的我和安娜，看著他左轉右轉、左扭右扭、前進又後退了好幾次，最後「啪」地一聲，腳踏車應聲倒地！

此時，可能雷歐已聽見同伴們在遊戲區裡的嘻鬧聲了吧！才剛滿五歲的他，雖然努力試著將腳踏車扶起來，但玩心畢竟很重。當媽媽才幫忙把車子扶起了一把，雷歐卻突然鬆手並溜進了學校，把車子丟給媽咪一人。

原本我以為，雷歐媽可能乾脆將兒子的車先停放好，再牽她自己的單車進來。萬萬沒想到，這位媽咪用最大、最宏亮的聲音怒吼著：「雷歐！回來！自己來牽腳踏車！」老實說，在德國這麼久，是極少聽見德國媽咪會如此大呼小叫。在戶外，若小朋友出現狀況，德國媽媽多半直接走到孩子身旁，用平常的音量來糾正、警告或責罵（當然，讚美時，聲調總是拉得比較高囉！）。因此，雷歐媽這麼一喊，不只雷歐本人，所有的人也注意起雷歐和卡在校門口的媽媽。當大家看到雷歐悻悻然地走回來時，媽媽馬上對他提出了警告：「年輕人！這是你的腳踏車，你要騎它，請你對它負責到底！」聽到這兒，我心裡馬上也接著罵：「如果下次你不顧好它，你就別騎啦！」不過，雷歐媽的下半句，卻出乎我意外的：「等會兒回家時，請你用牽的走回家，今天不准再騎它，這是我們之前的約定。」

在德國，我幾乎沒見過不喜歡騎車的孩子。在他們騎正式的腳踏車前，多數孩子騎的是腳滑車。但無論腳踏車或腳滑車，只要開始帶孩子上路，德國父母都會與孩子事先溝通好某些約束或規

你看，我會騎腳踏車了喔，而且沒有用小輪子呦，耶！

⊙安媽咪・安靜想⊙

原本在另外一角的雷歐媽和蘿拉媽，聽見我們的談話也馬上湊了過來。聽她們輪流訴說，孩子是如何對待自己的腳踏車，我真佩服她們連騎個腳踏車也能拿來「教育」孩子的這種思維方式。我們對德國人的印象，與其說是一板一眼，倒不如說，他們在任何場合都是比較有原則的吧！

距。除了基本的交通常識要遵守外，父母也開始要求孩子對自己的腳踏車負起完全的責任。

我忘了上音樂課的那天是否剛好滿月（有些德國人喜歡將不尋常的事，都歸咎於月亮的陰晴圓缺，例如月圓時孩子會睡得較不好，但也有不少德國人認為是無稽之談！）。當我們正等著雷歐和他媽媽進入校園時，看見安娜班上的同學凱思婷竟然是走路來上課。我會說「竟然」，是因為她母女倆只要出門，總是騎著腳踏車。

「怎麼了？妳的腳踏車呢？」我不解地看看凱思婷和她的媽媽。

「哪，妳自己說給Dora聽。」凱思婷的媽媽叫女兒自己跟我解釋。

快滿四歲的凱思婷低著頭，斷斷續續跟我形容，她是如何被媽咪「禁騎」了。原來今早，凱思婷沒將腳踏車上好鎖，中午回家也沒把車停好，還將安全帽和外套亂拋在前院。按她和媽媽之前的約定，自己沒照顧好車子，必須馬上禁騎。我聽了便好奇地問：「禁騎真的有用嗎？」凱思婷媽馬上露出那排長得超整齊的白牙笑著說：「孩子一定會犯錯。我只是要讓她知道，不遵守規定，就會有相應而來的後果，如此她也才可以學習到規矩……」

沒有踏板的「腳滑車」，亦稱學習型腳踏車。即使滑腳滑車，也是需要配戴安全帽。

安媽咪情報站

愛騎車的德國孩子

騎單車是許多德國家庭的主要休閒活動。往往一到週末，在大型的森林區或鄉間小道上，總能見到一家大小騎著腳踏車來往穿梭著。德國孩子學騎車的年齡非常早。因此在路上，不時能見到騎著大車的父母跑在前頭，而孩子，甚至小小孩們便踩著迷你小單車跟隨在後。

在德國，約二歲多的小小孩就已先騎了「腳滑車」（Laufrad），通常三歲半至四歲前便換成正式的十二吋腳踏車。由於騎腳滑車時，孩子的平衡感已獲得了訓練，因此在接換腳踏車時，輔助輪僅使用數天即可拆下（輔助輪主要是讓孩子們適應踏板的運作），有些孩童甚至只需要一天便能適應踏板。因此有些地方也有租借輔助輪的服務，而在德國的路上也的確很少見到孩子們騎著輔助輪上路。

在許多鄉鎮的市區中，若沒有自行車專用道，通常孩子們便騎在人行道上，而家長則騎在馬路，配合孩子的速度並行著。每天上學，住家稍遠的小朋友，總會和母親各騎一台腳踏車到幼稚園。即使遇到雨天，家長和孩子仍穿戴雨衣，一樣慢騎著上下學，絲毫不受天候影響。

扮家家酒的真實世界

和幼稚園的孩子來場真實的交易，的確是項難得的經驗！

又逢學校春季的跳蚤市場，時間過得真快！

記得去年此時，我們才剛搬來鎮上半年，當時藉由學校的跳蚤市場，認識了許多家長和小朋友。如今，我們不但已是籌備跳蚤市場的成員之一，除了某些外來的攤位，其餘的盡是些熟悉面孔。這對於向來喜歡在跳蚤市場討價還價的安爸，反而不好意思了起來。而原本沒殺價習慣的我，見到這種場合更不敢亂出價了。有趣的是，在幾處攤位上，竟然只有孩子們站台，這讓我們更不知所措。到底，這是怎麼一回事呢？他們爹娘人在哪兒？難道只留在家裡發懶睡覺看電視？

尼克有一塊數字魚的木板遊戲，正是在去年的學校跳蚤市場買的。一年前他還不到二歲，對數字有極濃厚的興趣。記得那次帶著尼克才一進來，他在某個小木桌下，像挖到寶似的發現了這塊數字遊戲板。當時攤位上是位年約七、八歲的小女孩。由於木板並無標價，我便直向小女孩詢問價錢。只是當她說才三歐元時，我有點不太敢相信，因為那看起來幾乎是全新的。為保險起見，想和孩子的父母再確認，只是等了老半天卻不見有其他大人出現。正當我想離去，突然聽見隔壁的媽媽對這位女孩小聲地說：

「妳說，二歐元。」

說完，媽媽對我也眨了眨眼。哦，原來她是這小女孩的媽咪？看

這是我們的家和PAPA（爸爸）的車子。我很喜歡坐爸爸的車子出去買東西。希望爸爸今天早一點下班！

著蹲在地上的尼克，仍緊抱著這塊數字木板不放，我於是掏出二塊錢，很自然地直接遞給隔壁那位媽媽，她卻跟我比了個手勢，「給她吧，那是我女兒的生意！」

此時我才注意到，小女孩的手已伸得老直，正等我付錢呢！

今年也一樣，當我們進入會場時，發現部分的攤位是孩子們在站台，有些父母坐在攤位後，但有幾處純玩具的小攤子，只見小朋友自己在販售。現在快滿三歲的尼克對挖土機和消防車比較有興趣。當我們繞了一整圈，他突然跑去安娜同學芃內莎的攤子前，跟我說他要那輛巴布的挖土機。我走過去瞧了瞧，一看上頭標價三歐元半，馬上想起之前某個攤位好像只賣一歐元！於是我試著說服尼克，再過去另一攤瞧瞧。但他卻死硬不肯，繼續蹲在地上玩著挖土機。

芃內莎的攤位還有一整組的洗車廠，要價七歐元。就在我努力想把尼克挖起來，突然聽見一位男士陪著大肚子的太太問著芃內莎，這洗車廠五歐元可以嗎？六歲的芃內莎搖搖頭。準媽咪笑了笑，要先生別為難她時，我們後方忽然傳來一個聲音，「實際的狀況就是這樣！芃內莎，妳也可以喊價，說五塊五！」

大家好奇地回過頭，哈，原來是芃內莎的爸爸。等了好一陣子，

連去年菜價都可記得的安爸

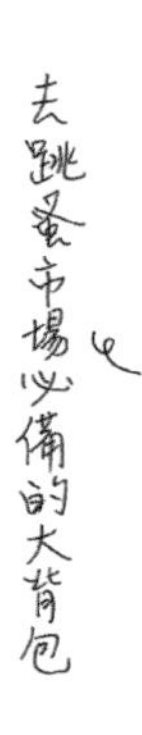

眼神還很遲疑地望著老爸的芃內莎，也終於喊出一聲「五塊五」時，準媽咪和她先生便馬上點頭笑著：「成交！」

向來沒什麼習慣殺價的我，在面對可愛的芃內莎時，是絕對開不了口的。尤其當她眨著一雙藍到不行的雙眼，我的心總是會軟下來。正當我還想去另一攤用更便宜的價格購買時，蹲在我旁邊的一位媽媽，竟然指著尼克手中的這部三塊五的巴布挖土機，開價四歐元！

尼克和他心愛的巴布挖土機。

⊙安媽咪・安靜想⊙

平時我們逛街前，總會跟孩子先做好約定：「今天不能買玩具。」逛書店前也會打好勾勾，「每人只能選一本故事書喔。」不過，每回走進跳蚤市場，似乎心情也變得像孩子一樣雀躍。尤其發現一些特別的、不常見的書籍和有趣的玩具，只要殺到不錯的價格，我和安爸甚至會比孩子更興奮地馬上買下。

每回逛跳蚤市場，我們都給安娜三塊錢，她可以自己決定想買的東西。多數的攤位都會將標價貼在物品上，因此她可以自己認字，學習購買（當然我或安爸仍會在她身旁）。通常兒童市場的擺攤者也都是有孩子的父母，他們相當配合，對這種小顧客也是非常禮貌。

「不行。這是尼克要的！」

已經認定了我們會買的芃內莎，毫不遲疑地回答。此時，尼克突然發現大家盯著他手中正玩得起勁的寶貝，索性將它直接抱在懷裡，並用德文大喊著：「我的、我的、我的！」而我這位原本早想開溜的媽咪，也突然生出一股非買不可的心情，於是馬上塞了三塊五給芃內莎。否則，讓孩子見到心愛的玩具被別人買走了，尤其只差那半歐元，我這做媽的一定也心不甘哪！

至於，另外那攤更便宜的挖土機哩？不知為何，已被我忘得一乾二淨！直到我們抱著一袋戰利品回家時，在路上跟安爸聊著聊著，才又忽然想了起來……

就是這樣，我們一家都很喜歡逛學校舉辦的跳蚤市場，因為它就像為孩子開設的迷你市場一樣，既有趣又好玩。在熟識的人群中，孩子們買賣著商品或以物易物。讓他們體驗大人世界的同時，相信心裡也感到一份驕傲。就像當雷歐賣出了他的花園推土車後高興地叫著：「賣出了！賣出了！我終於有錢買模型火車了！」姑且不談買賣的目的為何，至少，這份成交後的興奮之心，將會是他一次難得的經驗吧！

這是由體育館舉辦的兒童跳蚤市場，人山人海，
便宜又好的東西總是一下子就被搶光了。

兒童跳蚤市場

每逢春秋，德國處處可見以兒童衣物玩具為主的跳蚤市場。許多德國幼稚園，一年也會舉辦二至四次跳蚤市場的活動。基本上，無論學校或其他機構承辦的這類二手販售，所有市民皆可參與。值得一提的是，幾乎所有的跳蚤市場，都會特別禮遇孕婦，讓她們提早三十分鐘或一個小時就先進場選購。最普遍的攤位租借費用為五歐元及捐贈一盤蛋糕（少部分採抽成制）。而活動中的蛋糕和茶點收入，則全數歸主辦單位所有。

有趣的是，為孩子們購買二手衣物，並非省錢族的專利。許多貴婦媽咪們，也同樣會現身兒童跳蚤市場裡挖寶！德國的阿公阿嬤，雖然逢年過節都會為孫兒們準備禮物，但也總習慣到附近學校或教會舉辦的市集，看看有無適合小孫女的洋裝、或是為寶貝乖孫找輛小火車。

只是，兒童跳蚤市場販售之物品，不見得一定便宜或划算。例如許多迷你玩具車分開販賣的價格，有時比商店裡全新的一套（同牌同款）還要貴呢！小朋友的毛衣大衣等，也是得仔細察看品牌及質料，方能分辨出價格是否合理。有意思的是，平日無討價還價習慣的德國媽咪們，到了跳蚤市場便開始享受殺價的樂趣。可別小看這些媽咪喔，她們總是能讓孩子抱著超低價的故事書或玩具、心滿意足地回家！

雨靴是做什麼用的？

雨靴，當然是下雨時穿的，難道不是？

春天到了，孩子在戶外的時間又變多了。

下午，約二十度的「高溫」，在公園裡的每個孩子已是一身夏裝地到處奔跑。這天，一歲多的安妮搖搖擺擺地在沙堆區走動，她的哥哥和尼克跟著她跑，後來，三個人拿著沙模裝著沙子，你倒給我，我倒給你，玩得不亦樂乎。正當我和凱絲坐在沙堆旁聊著聊著，安妮突然整個人趴在沙堆中，像青蛙游泳般地揮動可愛的四肢，並呀呀呀地抬頭對我們笑著。

見到安妮滿臉都沾滿了沙，離她較近的我直覺地將她抱起，並幫她稍微清理了一下。只是我才放手，她卻又趴倒在沙堆中。接著，二位小哥哥芬和尼克模仿著安妮的舉動，紛紛趴在沙堆享受沙泳的樂趣。

「妳還可以忍受吧？」忍不住發笑的凱絲故意對我眨著眼。

會認識凱絲，是因為她大女兒蘿拉和安娜是同學。安娜進入幼稚園後，她算是第一位與我熟識的家長。這一年多相處下來，她完全了解我看不慣孩子們玩沙的搞怪模樣。是沒錯。向來，我是不太喜歡盯著孩子玩泥玩沙的。雖然，我不會在一旁指使他們怎麼玩，但每每見到安娜和尼克全身沾滿了泥沙，我總忍不住想過去把沙子拍乾淨。

因此，當我把安妮抱起來，替她清乾淨衣服時，凱絲早已習慣了我的反應。只是一下子見到三個孩子全趴在沙堆裡乾泳，凱絲望著我無奈的眼神，竟然哈哈大笑了起來！

凱絲看上去是個很規矩又傳統的德國婦女。但認識她的人都知道，她是個極為開明爽朗的媽媽。在許多教養觀念和處事態度上，尤其是在某些我認為「不應該」讓孩子「這麼放任」的狀況，往往透過與她的互動，讓我重新認識了不同的教養方式，也引導我做另一面的思考。

還記得去年秋天開學後，我和凱絲一塊兒帶著孩子到公園玩。雖然在那天之前曾下了場雨，不過接連幾天的大晴天，廣場的地面應該早已乾了。只是，當我們走到公園時，才發現原來廣場上還有二、三處未乾的小水窪。凱絲馬上小聲地對我說：「糟了，沒給他們穿雨靴！」

雨靴？突然聽到凱絲這麼說，我以為我聽錯了。就在大家各就各位——孩子們跑去溜滑梯、玩攀爬架，而我和凱絲坐在大樹下陪伴嬰兒車裡的小安妮時，突然，芬行動了。他開始向小水窪挑戰。還不到二歲半的他，慢慢繞到小水窪前，雙腳併攏，打算跳躍過那灘水窪。結果「啪！」的一聲，他的雙腳落在水窪的正中央，水濺了他一身。接著，「啪啦！啪啦！啪啦！」，他越踩越

用力，越踩越高興，就這麼玩了起來！

距離芬大概有五公尺左右的我們，起先以為芬踏踏就算了。沒想到芬玩得過癮極了，一直留在水窪裡，絲毫沒有離去的意思。於是，凱絲站了起來，走過去對芬說，今天不能玩水，因為他穿的不是雨靴。「雨靴？」聽到凱絲這句話，我半開玩笑地問著：

「那……穿了雨靴，妳就讓他們玩喔？」

「是啊。否則，雨靴是做什麼用的？」凱絲突然對我眨了眨眼。

雨靴是做什麼用的？哈，這個問題實在很有趣。雨靴是做什麼用的？

「當然是下雨的時候穿的鞋子呀！」我理所當然地回答。

「那就表示它防水！可以用來踩水窪，不是嗎？」

凱絲一臉俏皮地望著我。而我，則是不知該怎麼接下一句。沒錯，雨靴是下雨時候穿的，它是防水沒錯，只是拿它來特別去踩水窪？？？頓時，我腦中被一群問號盤據著。因為到這天為止，再怎麼想，我是從來不會特別讓孩子為了踩水窪而穿上雨靴的。直到凱絲的一句話點醒了我。

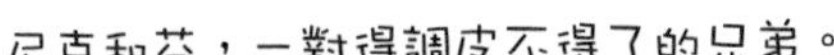
尼克和芬，一對得調皮不得了的兄弟。

二歲多的男孩總是極為好動的。芬和尼克的行為模式，簡直可以說是一模一樣。就連餓的時候，二位小男生所說出來的德文，也是一模一樣的「Ich habe Hunger! Wurst essen!」（我餓了，我要吃香腸！）。只是比尼克大一個月的芬，總是會帶頭做些他知道不被允許的行為。就像這天在公園裡，當凱絲阻止芬這麼踏水窪，可愛的芬竟然跑去把尼克找了過來，然後二個人玩起了輪流跳水窪的遊戲。

「喔，尼克，拜託！不要跳了！」

「芬，我說過，你沒穿雨靴！」

我最喜歡吹泡泡了，因為泡泡有好多好多的顏色！下次見到芬，我要再跟他一起吹泡泡！

⊙安媽咪‧安靜想⊙

看似放任的自由，其實背後也是有規矩和限制的。德國孩子玩泥玩沙，尤其在幼稚園裡，必須穿戴一定的裝備才行；在教室中，小朋友可隨時任意使用剪刀、彩色筆、膠水等工具，但必須遵守物歸原處以及自行清理碎紙片等規定。在德國，學校和父母給予孩子極大的自由空間和時間。但這並不表示是「放任不管」的教養方式。基本的規則，孩子們仍是得遵守！

當然，像凱絲媽咪那天在公園裡，即興地讓孩子踩水窪，是她極少數的例外狀況。平時，她對孩子們的規矩也有相當的要求。不過那天她告訴我，偶爾，在一成不變的生活中添加些快樂的元素，也是不錯的。我後來也發現，有時，生活裡出現幾個讓孩子們高興的「小例外」，似乎也是必要的呢！

二個媽咪坐著隔空喊話的效果，鐵定是零。於是，我們上前將他們移開，試圖轉移他們的注意力。只是二個小男孩的腦中，似乎只有水窪一樣，理都不理我們！即使把他們帶到二十公尺外的滑梯區，不一會兒，又見他倆偷偷聚在另一灘水窪旁，並刻意背對著我們（大概覺得這樣不會被媽媽看到），繼續之前被中斷的賽事。

正當我又起身，準備去勸阻他們時，凱絲突然拉拉我的手說：

「妳看，他們這麼喜歡，今天就讓他們跳吧！」

不知在想什麼的我，嘆口氣後望望天空，我記得那是一片好藍好藍的晴空，一點白雲也沒有。也不知是什麼讓我又坐了下來。只是後來跟凱絲一起望著二個男孩，嘻嘻哈哈比賽著跳水窪，我先前腦中的那堆問號突然消失了！我終於知道，為何許多像凱絲那樣的父母，會特地為孩子穿上雨靴讓他們去跳水窪。答案很簡單，只因為孩子們喜歡！

一切我自己來

當德國媽媽用一百個耐心面對孩子時，我似乎缺少了九十九點五個！

說起來，我是不是有點放縱尼克了？

家中有二個孩子時，父母似乎對老大總是較嚴格。例如穿衣、吃飯等訓練，安娜在三歲上學前，除了大衣外套還無法自己扣上外，幾乎一切都可自行處理。倒是老二尼克，我的要求，好像沒這麼多。或說，我總還把他當成小寶寶那樣地照顧。

安娜同學諾拉的妹妹西娜，比尼克小約二個半月，經常和尼克在上午的寶寶體能課碰面。有時在諾拉和安娜放學後，小朋友們也會玩在一起。就在聖誕節前，有次到西娜她們家烤小餅乾，我才頭一次注意到，我似乎沒好好教尼克穿脫衣服這件事。

小個兒頭的西娜，站著時比尼克矮半個頭。當大家都紛紛捲起袖子，準備開始壓製餅乾麵團時，西娜一手伸直，另一手將袖子往上拉，接著再換一手，俐落地把袖子拉了起來。而尼克呢？他望著西娜，又看看安娜和諾拉，卻伸出了雙手對我說：「媽媽，幫我。」

你不會？怎麼不會？我心裡震了一下。奇怪，我難道沒教過他？我思索了整個下午，突然驚覺，沒錯，我是沒教過他怎麼拉袖子！因為每次洗手，幾乎都是我幫他把袖子拉上來。因此記憶中，的確沒教過他如何把袖子往上拉，老天！

諾拉這個女孩，我印象很深。她比安娜晚約二個月入學。那時正值大冬天，她總是一個人坐在學校的走廊上，不是抱著書，就是抱著她的靴子。說到學校的走廊，每早總會有個奇觀。向來，小朋友們穿衣換鞋等動作，老師總會要求孩子完全自己來。只是每當我送安娜上學便會發現，幾乎所有外國學生的父母，都幫孩子們脫衣、掛好外套，甚至為他們換上鞋子。而另一群德國父母呢？相反的，他們個個站離孩子一公尺遠，也就是靠在走廊的另一側牆，彼此聊著天，慢慢等他們的孩子自己穿脫，慢慢的讓孩子們拖時間。

是的，你沒看錯，我寫的是「拖時間」。三歲多的孩子，換穿個衣物，總是會拖，這是正常的。然而一開始，我感到非常不解，大家來到學校擠在那兒，小朋友你看我我看你，而爹地媽咪在閒聊之際，偶爾才催促個孩子幾聲，好像覺得無所謂。大人小孩不迅速解決該做的事，全都留在學校窄小的走廊「拖時間」？這，難道不奇怪？

我會對諾拉印象深刻，是因為有一回接安娜放學時，見到她一個人在走廊上換鞋子。當時我以為安娜在教室裡，只是找了找沒見到，經過走廊出來時，看到諾拉一個人正與黏性很強的魔鬼氈奮戰中。見到諾拉用力拔了拔，試了幾次都拔不開，我忍不住問她

費了九牛二虎之力，尼克到了二歲半開始才肯自己吃飯，雖然他之前已經會了，只是有點懶又愛撒嬌。也或許，我和安爸在這方面實在是心太軟了吧。

是否需要幫忙。

「不用。我自己會。」

金髮的諾拉害羞地對我笑了笑，我便遲疑地離開了走廊。後來在戶外區找到了安娜，便和她在外頭停留了十五、二十分鐘。而當我們離校前再次回走廊拿背包時，老天，竟然見到諾拉還在穿鞋！正當我準備再次問她是否需要幫忙，諾拉的媽媽出現了。

「啊，她就是這樣，很慢的。每天早上，我要給她四十分鐘才能穿好衣服和鞋子……沒關係，就讓她慢慢來吧。我有的是時間，只是不知道學校是不是快關門了？諾拉，快點，學校要關門了……」

那天，我以為諾拉媽咪的心情特別好。面對拖拖拉拉的孩子，還可以這麼悠閒，無所謂地耐心等候。但過了好一陣子我卻發現，老天，幾乎每次，諾拉都是這麼拖拖拉拉的。而且老天，幾乎每次，諾拉媽也可以這樣安靜地面對她！後來仔細觀察許多德國父母接送孩子，的確，耐心等候孩子們自己穿好衣物，對他們而言，不是件特別的事，而是再平常不過的狀況。

我已忘了當初安娜到底是怎麼學穿衣服的（如果問她，她總說是巧虎教的）？我只記得她二歲多時，已經很會扣扣子和穿鞋子。只是當時，我到底給了她多少耐心呢？我忘了，的確忘了。不過現在面對尼克，我知道，至少我該忍住媽咪的雞婆本性，給他自己嘗試與練習的機會。只是將來送他上學時，我是否也能像諾拉媽那樣從容面對，擁有無限的耐心？這，我就無法保證了！

⊙安媽咪・安靜想⊙

像我這樣的東方父母，總認為多扶孩子們一把，他們便能更快更順利地達到目標。只是如此一來，容易忽略了「孩子自己也能將事情做好」這個事實。後來我發現，無論把鞋子穿反了，還是扣子扣錯了，都不只是孩子的功課，我們父母其實也正學習如何「耐心等候，從容面對」，只是要達到這種境界，還真的不容易！

這是湯瑪士（藍色）和培西（綠色）在一起玩，茉莉（黃色）和詹姆士（紅色）在旁邊看，他們不想一起玩。（安媽咪補充：這些都是湯瑪士火車故事的主角們。三歲前夕的尼克，滿腦子只有火車、火車、火車。）

準哥哥準姊姊

誰說娃娃是女孩的專屬？德國小男生也會抱著娃娃到處跑！

剛懷安娜時，我挺喜歡德國的一個育兒節目〈我的寶貝〉。它主要是介紹幾位即將臨盆的產婦及其家庭，將她們在生產前後遇到的實際狀況，剪接成三十分鐘的短片。其中最令我覺得有趣的一集，便是關於替準哥哥準姊姊們開設的寶寶實習課。

準哥哥準姊姊，顧名思義，就是即將迎接小弟妹的孩子們。這些年約三、五或七、八歲的小朋友，在許多大醫院都可以參加所謂的「寶寶研習營」。護士們除了帶他們認識寶寶的一切外，也會教授對待寶寶行為方面的安全須知。例如，如何抱著小貝比、注意扶好貝比的頸部、或幫忙洗澡、換尿布等。此外，護士們也會利用故事和布偶表演，為準哥哥準姊姊們做些小小的心理建設。

德國許多父母在迎接第二個寶寶時，似乎總是特別的「慎重」。除了運用坊間各式各樣為準哥哥準姊姊設計的故事書外，也幫他們安排與小寶寶接觸的機會，或替他們報名「寶寶研習營」，甚至還會買個小娃娃，試圖漸漸喚起老大身為兄姊的「職責」。

像芬亞，她就有一只很可愛的提籃式洋娃娃汽車椅座，那是在芬亞弟弟出生前，父母送給她的禮物。每次出門，她都喜歡將洋娃娃放在那只提籃裡，一起扛上車。這種習慣一直持續到現在，連弟弟法畢歐都一歲多了，她還樂此不疲地這麼重覆著。

剛滿三歲的安娜一起床，話都還沒說一句，就跑到客廳坐在小沙發餵她的寶貝娃娃。

菲力斯，這個活潑又可愛的小男孩，有個很可愛的藍色娃娃。我第一次見到他帶娃娃到學校時，以為那是別人的洋娃娃。直到後來聽菲力斯的媽咪說，那是當初弟弟出生前的「準哥哥禮物」時，我才恍然大悟，原來玩具店裡的許多男娃娃，是為像菲力斯這種準哥哥而設計的（當然，許多德國媽媽也會買娃娃給兒子，但不見得是要迎接弟妹）。

尼克出生前，我們也為安娜準備了小娃娃和一輛迷你娃娃推車。只是當時只對汽車和挖土機有興趣的安娜，永遠只推著空車出門。後來弟弟出生後，我推著嬰兒車，安娜推著沒有洋娃娃的娃娃車，往往會被附近散步的德國老太太問說，妳的娃娃到哪兒去了？

前陣子見到一位在寶寶活動中認識的媽媽，她總帶著二歲不到的安雅到處跑。挺著六個月大肚子的安雅媽，試著找機會與一些小寶寶的媽咪們聚聚聊聊。我好奇地問安雅媽，為何這陣子這麼忙？她跟我說，為了要讓安雅有心理準備，現在就想讓她多接觸小寶寶。

我是不曉得，當初我的弟弟出生時，父母是否有為我這個準姊姊做過任何的心理建設？不過時代不同了，現在走進玩具店，洋娃娃做得跟剛出生的寶寶是一樣的大小。不僅有漂亮的衣裳可替

我最喜歡和弟弟一起去散步，有時候我們比賽跑步，我都會贏喔！

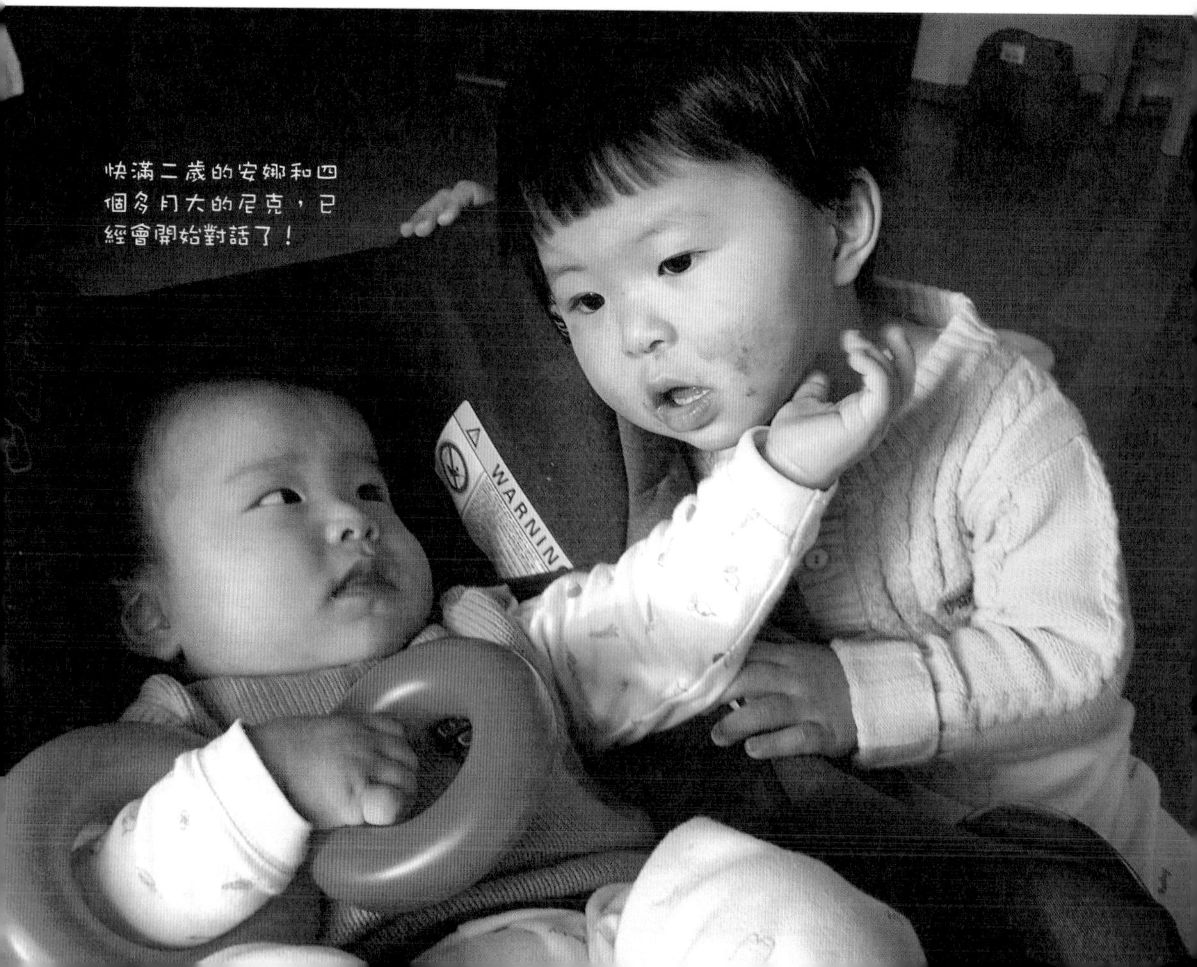

快滿二歲的安娜和四個多月大的尼克，已經會開始對話了！

換，各種精緻的用品，從澡盆、小床、提籃汽座、腳踏車椅座、安全帽，甚至尿布、奶瓶、小馬桶等，孩子們簡直可以扮演與媽媽相同的角色。只是擁有這些玩具，小朋友對家中新成員的接受度會比較高嗎？

若僅是物質上的給予，光是抱著娃娃，或參加寶寶實習營，孩子可能仍不太容易接受整個狀況。爸爸媽媽還是得多花點心思，用言語或行動讓孩子了解這件事。尤其老二出生前，對老大要給予更多的關懷。而在寶寶來臨後，也要適時提醒自己對老大的態度。因為在二個孩子同時吵鬧哭叫的那一刻，我們潛意識中總會認為老大應該懂事了才對。雖然，老大可能也才一歲七個月，或也只五、六歲這個年紀。無論才二歲或五歲，甚至八歲、十歲了，孩子總是孩子，再怎麼多了一個弟妹，他們仍需要父母同樣不變的關心與愛！

⊙安媽咪・安靜想⊙

家中多了另一個小寶貝，整個作息將截然不同。尼克出生時，安娜的洋娃娃完全沒派上用場。不過感謝她的體貼，她總是很喜歡和我一同照顧弟弟。這整個迎接家中新生兒的適應期，不僅是之前的準備而已。像老二尼克出生後剛開始回家的那段時間，才是最關鍵的。在抱著尼克親吻的同時，我總是會提醒自己千萬別忘了先讓老大撒撒驕。當小尼克睡著後，我也儘量抽時間多陪伴安娜。無論如何，頭一段時間的確比較辛苦，但總是能熬過來的！

這是大象媽媽，裡面是我和弟弟。（安媽咪補充：四歲的安娜，仍以為她和弟弟是同一個時間出現在媽媽的肚子裡，因此老問我們為什麼她會先出來？）

德國有許多為準哥哥準姊姊設計的書籍，不但內容詳盡，也為父母提供了不錯的解釋方法。

安媽咪
情報站

德國人的生育計畫

「一個孩子不嫌少、二個孩子恰恰好」，這口號似乎在德國很少聽見。因為，在生育率超低的德國，政府竭盡所能地鼓勵夫妻多生孩子，因此給予家庭的各式補助與福利也越來越多。不過，現今許多德國家庭，卻也有自己所謂的「生育計畫」，只是重點不在於孩子的數量，而是孩子彼此之年齡差距。尤其何時該生老二，總是德國育兒雜誌或網站討論區最熱門的話題之一。

到底，老二何時出生才最理想？德國媽媽之間，似乎存在二派不同的意見。有人主張，二胎間隔儘量不超過二年，因為她們認為二歲前的孩子，對家中新成員的接受度較高，將來產生吃醋或爭寵的現象較少。不過第一時間裡，媽媽同時必須面對二個小貝比，作息將會非常辛苦。但若等老大滿三歲後才生老二，問題就更複雜了。因為仍是小小孩的老大在適應家中弟妹到來的同時，也得應付上學後的全新作息（德國孩童滿三歲即可入幼稚園）。因此，往往應付老大的時間和精神，甚至比老二要來得多。而另一派媽咪們則認為，等老大五、六歲後再來考慮第二胎才最理想。會有這般想法，多半是母親想趁早返回職場，同時老大也已極為懂事，整個家庭的生活壓力可減至最低。唯一的缺點，便是二個孩子因年齡之差距，將來的交集會較少。

超可愛的洋娃娃汽車提籃。
還能固定在車子裡喔！

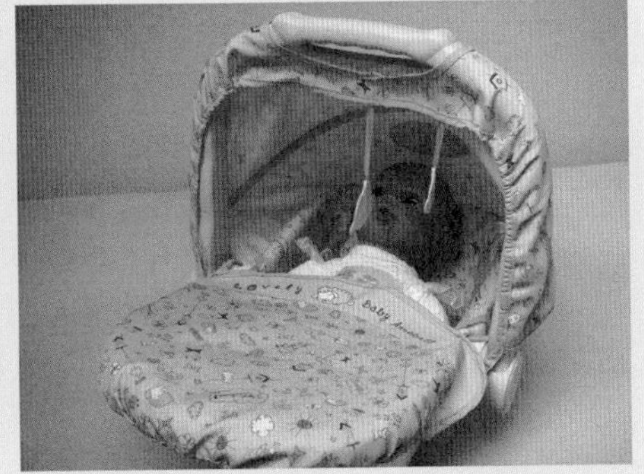

有趣的兒童健檢

德國孩子的健檢，就是跟醫生叔叔遊戲和比賽……

這是我四歲生日畫的圖喔！有我們家、大樹、還有我。

在進行U8（U8為德國兒童四歲健康檢查之代號）的前二個星期，我告訴安娜我們要去做健康檢查。因為上次的檢查U7是二歲時做的，她完全沒印象了。我已料到她會好奇為什麼要做，而且她還問了：「為什麼要去醫生那裡做？」

感謝芬亞送給她的生日禮物，那是可妮做U8健康檢查的故事書（德國知名的可妮故事系列之一），除了講解做U8的流程外，其中也有許多關於診所和身體的介紹。某天，當我拿著可妮的書對安娜說，進行U8是因為醫生想知道小朋友健不健康，沒想到她以為自己生病了。想了半天，我換了種方式解釋。

「醫生叔叔沒有參加妳的生日，他不知道妳四歲了。所以我們要去給他看看妳長得有多高，有沒有四歲這麼高，有沒有四歲這麼會畫圖，有沒有像四歲孩子一樣可以單腳站立了……」

她聽了馬上高興地點點頭，並急著想出門，因為過完四歲生日那陣子，她總愛到處跟人炫耀說：「我四歲啦！」

一進小兒科診所，櫃台阿姨便先給了她一張「考卷」，上面除了仿畫一些簡單的圖形外，還得畫一棵樹、一個人和一棟房子。

其實前幾天，我們已經好奇地要她畫棵樹讓我們瞧瞧。不過，當

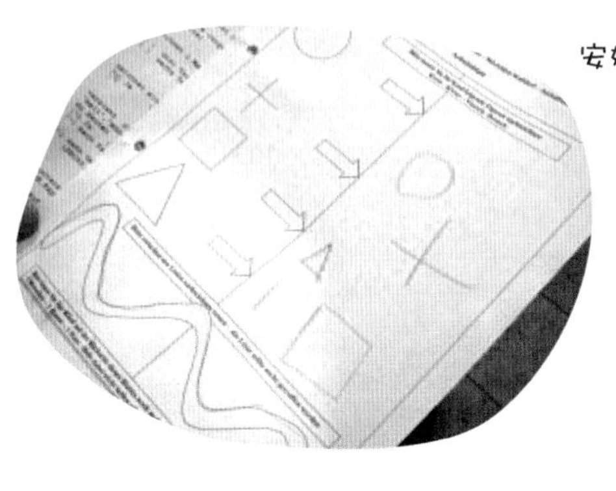

安娜的「四歲考卷」。

她畫出來時，整棵樹的樣子，卻跟我們想像的有一段……應該說有好大一段的距離，因為那棵樹上，只掛著二片葉子而已。當我問她，哇，妳畫的樹，葉子……好像好少喔？沒想到安娜回答，因為秋天到了，葉子都掉下來啦（當時正值秋天落葉期）！後來安爸偷偷跟我說，搞不好她做U8時，樹上葉子都沒了，因為到時全部掉光啦，呵呵（無聊的爸爸）！不過事後安娜跟我坦誠，那是因為樹上葉子太多了，如果全部都要畫太累人，她，沒這「心情」畫。

於是U8當天，我們就更好奇她畫出來的樹倒底長得如何。結果，還好，她的那棵樹上，仍掛著那四五片葉子。只是突然發現，她還畫了葉子上的紋路呢，這倒讓我們滿驚訝的。

到了看診室，助理阿姨先替她量身高體重，接著醫生叔叔就進來了。他查看了基本資料後，便直接與安娜進行對話。我和安爸完全沒插嘴，因為我們也很好奇，她對德文的理解有多少。原本，我以為她無法回答時會主動問我，沒想到，她一句也沒問，卻直接反問醫生，或用自己的方式解釋與作答。除了對自己的描述，以及說說幼稚園的生活，醫生還要她當場再畫些圖，例如比較物品的長短大小等。接著，醫生拿出一張卡片，上面有各式各樣圖案，像口試一樣地詢問安娜物品的名稱。原本進行得很順利的對答，突然在「斧頭」這個圖案出現時，安娜不發一語地笑著。

這是朵拉和大大的太陽喔！（安媽咪補充：四歲半時，安娜的樹和人看得出已經「轉型」了。她開始會模仿故事書中的各式畫法，人長出了身體，五官也更加明確。）

「這是什麼？」醫生又問了一次。

「……」

「嗯…是不是…跟樹有關係？」醫生給了她提示喔。

「……」

「那，這是拿來做什麼的？」醫生不死心，誇張地比了砍樹的動作。

「……」

「那中文呢？我保證，妳一定知道！」醫生轉頭看看我和安爸。

馬上，我們跟醫生搖了搖頭，小聲地表示她應該沒見過。因為從小得知她對幾種重金屬有嚴重的過敏後，就很少讓她接觸這類的工具（含鎳）。但醫生沒聽清楚，以為她只玩女生的玩具或物品，於是便繼續其他的問答。

接下來，到了體能方面的測試。醫生帶領安娜做些動作，而在一旁觀望的尼克，此時也不甘寂寞地一起跟做著。最有趣的，便是最後的一項「比賽」了。醫生盤坐在地上，要求安娜和尼克也盤坐下來。接著，他對二個孩子說，等他數到三，看看誰可以先站起來。結果，當醫生的三才剛說出口，安娜雙腳往旁一蹬，就先站了起來！而此時也想快速起身的醫生，卻又不小心跌坐在地上。尼克則穿著厚厚的雪靴，費了九牛二虎之力才慢慢爬起。最後，醫生竟然哈哈大笑地自我解嘲道：「今天還好有尼克參加，

⊙安媽咪・安靜想⊙

從小時常進出診所的安娜，對白衣天使們始終沒什麼好感。在安娜還是小貝比時，每每帶著她才走到診所或復健室的門口，或許聞到了味道，她總是馬上放聲大哭。直到二歲半後，因過敏狀況消失不需再常跑醫院，隨著年紀也漸漸懂事。不過四足歲U8的檢查對於德國孩子而言，是比較特別的。因為除了身體的部分，也有心智反應的檢查，因此健檢的時間通常至少需要四十分鐘，有時甚至長達一個小時。感謝芬亞媽咪特別選了一本可妮的U8健檢圖畫書作為安娜的生日禮物，讓安娜能充份準備之餘，對於醫生這個角色也有了新的認識。

安娜正進行四歲健檢。

我不是最後一名！」

整個U8檢查結束後，二個孩子便跟他握手再見了。只是才剛離開診所，安娜忽然停下腳步：

「媽媽，等一下，醫生沒有跟我玩球耶！」

「玩球？為什麼他要跟妳玩球？」我莫名其妙地看著安娜。

「因為可妮的書上有說要玩球呀！」

我想了想，啊，沒錯，那本故事書上是有提到在體能測試時，醫生會跟小朋友玩丟球接球的遊戲，以測驗孩子們的反應能力。只是這個問題丟了過來，好像在測驗我媽咪的反應能力，於是腦筋馬上急轉彎的我，就這麼跟她解釋：

「那是因為……呃……醫生叔叔太累了。妳看，現在都天黑啦！改天我們在公園碰到他，再一起玩球吧！」

安媽咪情報站

德國兒童健康檢查

德國出生的孩子，從出生到十歲，一共有十二次的健康檢查。滿週歲前就有六次的檢查，之後每隔一陣子到十歲，陸續會進行六次健檢。德國人統稱此類兒童健檢為Vorsorgeuntersuchungen或U-untersuchungen，每次之健檢便以U１、U２、U３代稱。除了這十二次的健檢外，孩子滿十五及十八歲時，還各有一次的J１及J２，代表青少年（Jugendliche(r)）的健康檢查。基本上，所有的健檢都在小兒科診所進行，由孩子自屬的兒童醫師負責檢查。

四歲之前的德國兒童健檢，基本上只以身體之發展為診查方向。但四歲的U８開始，便有智力、語言以及行為方面的測試。而這也是令許多德國父母及孩子所期待的。即使之前不喜歡醫生或診所的德國小朋友，往往四歲生日前後，聽同伴們提起U８的健檢過程，也會期盼與醫師相見。然而，德國各地醫生在進行健康檢查的做法多少也有差異，有些醫師做得極為詳細，過程長達一個小時，有些卻只看個二十分鐘，但應該進行的檢查項目，基本上仍有一定的程序與標準。

之前在德國，這種兒童的健檢並非義務性質，但近幾年連續發生了虐童案件，引起德國政府之注意。因此目前許多邦政府（例如黑森邦）已通過相關法規，孩子超過了檢查時間仍未去診所進行檢查，衛生單位便會立即發函提醒家長，若父母遲遲仍未帶孩子到診所報到，必要時會與社工單位合作進行查訪。

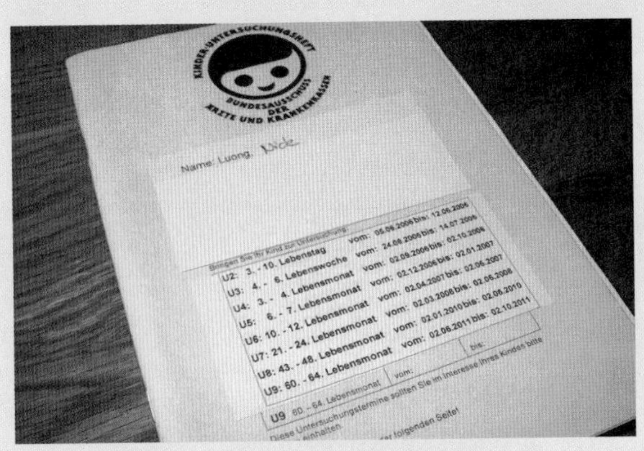

德國寶寶手冊上，都會貼一張進行健康檢查的時間表。一歲之前的檢查較為密集，通常在健檢完後馬上預約下一次的檢查時間。但一歲以後健檢之間隔時間較長，父母必須主動向診所預約檢查。

排外的背後

安娜總是和外國孩子玩在一塊兒，難道是被德國同學排擠了？

安娜在學校最要好的二位朋友，都不是所謂的「純德國人」。剛入學時，安娜還沒什麼朋友。過了陣子，安娜接觸到一兩位同學，而跟大家都認識了後，才慢慢開始結群組黨。只是乍看之下，安娜在學校裡似乎只都跟外國孩子處在一塊兒，這難道是老師的刻意安排？或是德國同學的惡意排擠？

我來到德國後，最常聽見的問題就是「德國人真的很排外嗎？」或是「德國同學會排斥妳嗎？」。有了孩子，尤其安娜上了幼稚園，親友們也會好奇地問我：「德國小朋友會不會也排外啊？」陸陸續續，聽這裡的幾位台灣媽媽提起過，若在幼稚園沒什麼德國同學與自己的孩子往來，她們便直覺地認為，是否她們以及她們的孩子被德國人排斥了？

說起與德國人交往，老實說，從剛來德國留學到現在，我的經驗告訴我，德國人不是個熱情的民族。他們很少會熱情又主動地與你交往，大家在表面上多半只維持禮貌性的互動。不過，只要自己試著打進他們的話題和小圈圈，隨著時間，自然也會被接受。交情好的德國友人，也是會真心對待朋友。

打從搬來這小鎮開始，我知道，是時候該慢慢拓展我們在當地的生活圈了。尤其家中二個孩子，老大剛進幼稚園，而老二，也到了需要和小朋友多互動的年紀。早在搬家前，我們已替尼克報名

音樂學校（因名額極有限）。搬家後，我立刻帶尼克參加當地體育協會主辦的寶寶體能訓練。不過讓尼克上課的目的，並非想培育他成為音樂家或體育健將。我們的用意很簡單，除了提供尼克不一樣的活動空間，主要便是藉此接觸當地的小朋友和家庭。

就這樣，一年半過了。在這不算長的時間裡，我們因為積極參與安娜學校的活動而認識了不少家庭。尤其和幾位家長，除了接送孩子外，大家總又會在寶寶體能課碰頭。漸漸的，和許多爹娘熟識後才發現，原來，不少媽咪們懷老大時就已認識了對方。例如蘿拉和凱思婷的媽媽們，便是當初參加孕婦課程而認識的。也因此，從小嬰兒時期就玩在一起的蘿拉和凱思婷，現在是彼此最要好的朋友。安娜班上有三位同齡的德國小男生，也是從寶寶聚會開始就認識了。另外二位較年長的德國女孩米亞和賈克鈴，在班上雖然沒有最要好的朋友，但在別的班級裡，卻有各自熟悉的玩伴。

總之，安娜進入幼稚園前，許多德國孩子們私下早已認識了彼此。而安娜最好的二位朋友蓎拉和芭比（她們分別來自土耳其和斯里蘭卡的家庭），以往並無參加鎮上任何的寶寶活動。也因此這麼「剩下來」的，幾乎都是所謂的「外國孩子」（本篇提到的「外國孩子」，指的是在德國具移民背景的孩子）。於是，他們聚集在一起的機率總是比較高，雖然大家的母語不見得相同。

在認識了不少幼稚園的媽媽後，下午有時我們會互相約訪，只是後來發現，要找到共同的時段並不容易。因為許多德國家長間，早有固定「交換或接送孩子」的模式。例如週一和週三，蘿拉和凱思婷的媽媽會輪流固定接送二個女孩一起回家，並留對方玩到晚餐後。週二和週四下午音樂課及體能課時，她們也輪流接送二個孩子上下課。直到今年年初開始，蘿拉和安娜於週五一起參加了教會活動，我和蘿拉的媽咪才有了固定的時間，讓我們的老二尼克和芬在這個時段聚聚。

但和蘿拉媽會特別熟，除了緣份，我想也是因為雙方老大和老二的年紀都差不多，恰巧也為姊弟配，因此許多話題非常聊得來。而尼克和蘿拉的弟弟芬，這一年多的相處下來，已是不折不扣的好玩伴（雖然二人只喜歡搞怪）。在獲得弟弟們入學通知前二、三個月，蘿拉的媽媽已開始和我討論起，日後將如何接送孩子們，或許也可以和凱思婷的媽媽一起合作。此外，安娜班上的諾拉，最近下午也很愛找安娜玩。而諾拉的妹妹西娜，也將會和尼克與芬同時入學。由於尼克和西娜已透過這一年的寶寶體能課熟識了，因此諾拉的媽媽也想增加固定的約訪時間。

回到最初的問題。對於安娜的交際，是真的被德國同學排擠嗎？不，當然不是。至少安娜的狀況不是因為種族歧視所造成的，更不是老師的刻意安排。只是我必須強調，就因為了解德國人不是個主動又熱情的民族，因此這方面我很清楚，自己要花上不少的心力。即使心中其實只想安安靜靜在家裡當個「宅媽」，但為了孩子也為了自己，還是得走出門，好好拓展這裡的小小生活圈！

⊙安媽咪・安靜想⊙

許多時候，光看表面的狀況，常會引發不小的誤會。尤其是當自己不了解背後的原因（例如寶寶活動正是當地親子交際的重要管道之一），又因為先前某些負面的經驗，往往造成我們對事情產生越來越大的偏見。與其納悶著為何其他德國媽媽不與自己交往，我們也可以主動攀談，並積極地參與各項活動。不是只有同鄉人才能做朋友，和我們不同文化的人也並非想像中那麼冷漠。所以，勇敢地走出去吧！

這是我的好朋友蘿拉，我最喜歡跟她在公園玩了！

雙語家庭

該讓孩子先學好中文，還是外文？

法倫提諾是個德義混血的男孩。她媽媽看上去就是個「標準」的義大利人，棕黑色的長鬈髮配上美麗的濃眉大眼，每次對孩子一開口就像機關槍「叭啦、叭啦、叭啦」地講個不停。

其實我挺喜歡聽媽媽們對孩子用母語講話，尤其是我完全聽不懂的語言。每次帶尼克去上體能課和音樂課，都能聽見幾位媽咪用著自己的母語，對寶寶們呼東喊西。而尼克最喜歡跟法倫提諾的媽媽說話了，即使她幾乎只用義大利文和尼克溝通呢！

早在懷安娜時，為了孩子的語言教育問題，我們請教了不少台德、英德聯姻長輩們的意見。我們得到的答案幾乎都是，用自己最流利的語言和孩子通溝，這種自然的法則　不會錯。後來讀到一些關於雙語家庭的語言教育文章，許多德國學者也建議，媽媽或主照顧者（例如保母）應完全使用自己的母語，如此小朋友們在其他語言學習上，也會更自然更順利。

集結了多方的意見，當然也顧及我和安爸的背景（我是土生土長的台灣人，而安爸則是越南華僑的第三代，但從小在德國長大），最後決定採用「安爸用德文，安媽講中文」與孩子溝通。只是，說是容易做是難！剛開始，我總會不自覺地冒出幾句德文。尤其和安爸用德文講了幾句，回過頭來面對安娜時，我老忘了轉回中文的介面！直到老二出生後，才漸漸習慣這樣的語言使

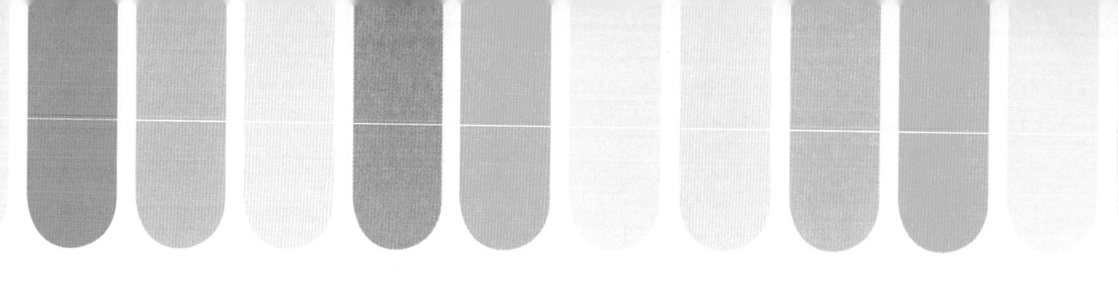

這是火車媽媽。媽媽，你看，我有給妳畫上蝴蝶結喔！還有，我也會寫「媽媽」了！（安媽咪補充：「媽媽」是安娜第一個認出的字，後來也很喜歡仿畫，雖然筆劃和結構複雜了許多。）

用。雖然目前從我口中也會跑出幾個德文字，但四歲半的安娜已會提醒我：「媽媽，妳要說中文喔！」

昨晚，在尼克入睡前，我和安爸躺在尼克身旁，靜靜地對他說晚安。突然，尼克向右邊轉來，親了我一下後對我說：「媽媽，我愛妳。」接著，他轉向左邊，用小手臂摟著安爸的脖子說：「Papa, ich liebe Dich!」今早起床時，尼克先搖了搖安爸說：「Papa, aufstehen!」接著，他爬過來我身上輕輕地問著我：「媽媽，妳起來了嗎？」

每每見到孩子們非常自然地使用二種語言，就覺得很神奇。像是安娜講著學校發生的故事時，先是跑到安爸那兒用德文講一遍，再過來用中文和我說一次。如此絲毫不費力地馬上轉換語言並清楚地表達，真令我羨慕極了。

只是，雙語家庭的孩子們，通常會有一種語言較強，另一語言較弱的現象。我還記得安娜三歲前的德文並不是很好，但滿三歲進入幼稚園的第一個星期，德文的燈籠歌（當時正值燈籠節Laternenfest）便馬上朗朗上口！只是入學半年後，感覺她的德語發展似乎沒預期中的好。因此，我曾經一度懷疑，自己是否也該跟孩子多說些德文。跟當時安娜的導師蓓特談了好幾次，她以之前身為語言治療師的經驗告訴我們，這一切不需擔憂。同時並

⊙安媽咪・安靜想⊙

相較於台灣父母想讓孩子們學好英文的期盼，身處德國的我們，在語言方面也有相當的壓力。除了想讓孩子能駕馭當地語言，也希望他們的母語能維持在一定的程度。不過孩子的中文教育，隨著他們年齡增長，將會是我們越來越大的難題。像四歲半的安娜，這陣子一個人自言自語玩耍或講故事時，德文講得越來越多了。而尼克，雖然還沒進幼稚園，但成天跟著老姊玩，彼此的對話也漸以德文為主。我不曉得將來要用什麼方法，繼續「拐」這二個孩子跟我說中文。畢竟在德國較少純台灣家庭，大多為異國聯姻的組合，即使讓孩子們湊在一塊兒，大家彼此間也幾乎以德文為主。唯一可以做的，只有自己堅持使用中文了！並不是為了將來孩子在社會上有什麼優勢，只是希望，他們別忘了這個屬於自己的一部分。

鼓勵我，千萬不要放棄跟孩子們說中文的機會！她強調，第一母語的根紮穩時，第二母語，也就是安娜的德文，隨著年齡和環境，自然也會達到德國孩子的水準。

就這樣，現在安娜四歲半了。當然，她目前的德語程度仍無法與四歲半的德國孩子相比（我和安爸的感覺）。不過在上次的家長會談時，老師瑪提娜也提醒我們，有些四歲半的德國孩子，也不見得比安娜說的好。畢竟孩子的語言都還在發展中，她要我們不用太過操心。

是啊，先不用操心，我們也曾試著這麼想。但是父母為了孩子，總有擔心不完的事。就像快滿三歲的尼克，他的中文發音不知為何，總不像姊姊那麼字正腔圓。而最近他德文講得特別好，中文卻不太願意說了。這也讓我開始煩惱，等尼克進了幼稚園後，又該怎麼讓他常開口說中文呢？

這些雙語家庭的小朋友們，即使媽咪都是正港的台灣人，但孩子們玩在一起時，卻自然只以德文交談。

語言課之外，最重要的還是與德國小朋友的直接互動。

移民子女的語言訓練

在德國約有四分之一的孩童具移民背景（Kinder mit Migrationshintergrund）。他們包括了1950年後移民德國家庭的第二、三代（具德國籍），以及德國境內出生的外國孩子，此外，父母其中一方為外來移民者，亦屬所謂的移民子女（按德國聯邦統計處Statistisches Bundesamt之定義）。

自2000年的「國際學生評量計畫」（PISA）測驗結果公佈後，德國學生在全球三十二個國家中排名二十，引起德國社會震驚。在參與檢測的十五歲德國中學生中，成績低落的學生以移民背景之子女居多。據調查資料顯示，有將近百分之八十的移民孩子，在進入幼稚園前之德語詞彙不到五十個。同齡的德國孩童卻已有九百字的語言能力，上小一時更增至三千五百字。為了讓移民子女能在幼稚園的三、四年中，亦達到如同德國孩子的程度，政府及各邦於2001年便極積推展相關措施。目前在德國的許多幼稚園裡，都設有專為移民子女提供的語言加強課程。

當德國政府與學者共同強調德語重要性的同時，也強調了多種語言能力的重要性。他們認為，真正讓雙方受益的語言促進方針，不是壓抑移民家庭放棄自己的語言，而應鼓勵父母繼續使用母語與孩子們溝通，同時讓各種移民語言豐富德國本地文化。若父母遲遲仍未帶孩子到診所報到，必要時會與社工單位合作進行查訪。

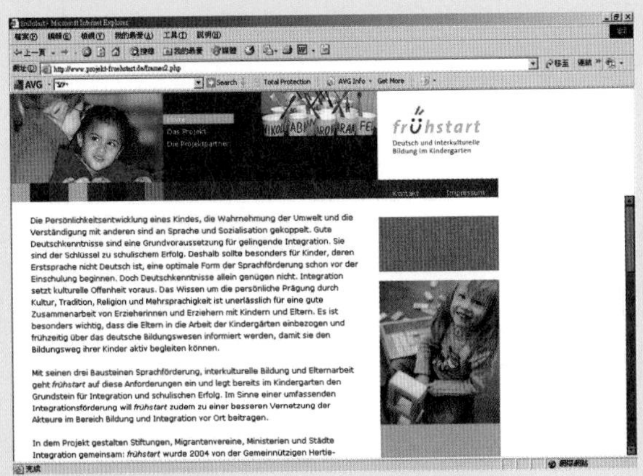

黑森邦自2004年，陸續於十個城市內之36間幼稚園，展開名為〈frühstart〉之語言訓練課。這是針對四至六歲的移民孩童所開辦的一項教學計畫。

走，
快樂
上學去

一位難求

過完三歲生日，安娜要上學去囉！

回想一年半前，安娜即將滿三歲時，為了她的上學問題，可讓我和安爸傷透了腦筋。原本擔心幼稚園的飲食和環境會引發她的過敏問題，打算再等段時間才讓她入學。還好安娜二歲半時，過敏症狀突然好轉，狀況也極為穩定。因此我和安爸決定，按德國當地的習慣，滿三歲後就送她上幼稚園。

當然，急著想讓安娜上學，主要也是她對團體活動和其他小朋友開始產生興趣。自她出生後，因為過敏、斜頸復健，接著老二出生了，始終沒機會帶她參與任何的寶寶活動。隨著年齡增長，安娜已開始會要求去公園和小朋友一起玩。有時她甚至主動提議，好久沒有去餐廳（內附兒童遊戲區）、好久沒有去阿姨家啦！因此讓她與其他孩子有多一點接觸，我和安爸評估是必要的。

不過德國可不像台灣，想送孩子上學隨時可行。在德國，無論公私立或教會幼稚園皆有一定之報名與入學程序，以及最惱人的——名額限制。在德國，滿三歲的孩子便有權利進入市立幼稚園（一九九六年開始實行之政策，但幼稚園非屬義務教育，仍須自費），只是當時，滿三歲即可入學的名額並非百分之百。據德國聯邦統計處的資料顯示，全德國平均雖有超過百分之九十的孩童（三至六歲）進入幼稚園，但某些城鎮的幼稚園名額卻不及百分之八十。以慕尼黑市為例，一九八八學年度之名額比例為百分之七十一，至二〇〇八學年度仍只有百分之八十二。

安娜就讀的幼稚園。

為安娜選擇幼稚園，我們以步行可達之距離為優先考量。基本上，德國各地住宅區幾乎都有一家「市立幼稚園」。而「私立幼稚園」（大多為非營利組織所經營）包括雙語、蒙特梭利、華德福（Waldorfpädagogik）甚至森林幼稚園（Waldkindergarten）等，在德國也都存在，只是並非每個城市都有。此外，德國各地也有「教會幼稚園」，每個城鎮約一至四間不等。

我們住家當地的幼稚園（黑森邦法蘭克福南方的一個小城市），有十間市幼、三家教會，並無私立學校。其中有四間市幼位於可步行接送的範圍，而我們隔壁的，則是一所教會幼稚園。不過當我們去市政府為安娜登記時，負責分發作業的承辦員便直接告知，當年度安娜是排不上市幼了（本地以年齡為分發依據），因為比安娜大的學生還有一長串在排隊。於是，我們開始考慮私立或教會幼稚園。

德國的私立幼稚園有各自的教學理念，有些也採雙語教學（但雙語不見得都以德英為主，其中也可能是義德、西德等）。只是在蒐集各校提供的資訊後，覺得距離仍是主要的問題。例如森林幼稚園，雖然欣賞他們的教學方式，半天含午餐的月費也才一百歐元（後來安娜就讀的學校，同樣半天加午餐卻要二百多歐元），但離家最近的一家森幼，至少也得花上二個小時接送，考慮後並不合適。至於其他的私校，都不在本市中，因此也暫不納入考量。

⊙安媽咪・安靜想⊙

當初得知安娜可以入學，我是又喜又憂。喜的是，安娜終於可以接觸到團體生活，卻也擔心，不知這孩子能否適應學校作息。因為三歲前的安娜，是個非常怕生、內向又害羞的小女孩。因此我們預期著她會哭上數把個月，甚至還會被學校暫時「退貨」。沒想到，入學時見到了班導蓓特，安娜竟然擦乾了眼淚、開心地與她走進教室，令我們萬分訝異。而入學二個禮拜後，她便開始喜歡上學。尤其陸續結交了許多好友，讓她每晚睡前總已開始期待隔天上學的時刻。如今，已入學一年半的她，開朗、活潑、外向又好動。我們很慶幸，她能在這所學校遇到這群好老師，也很感恩，她能獲得這些可貴的友誼。

而隔壁的這所教會幼稚園，由於我和安爸並無相關的信仰，一開始有些疑慮。不過聽了鄰居與同事的大力推薦，便和園長約了參觀時間。出乎意料，這所幼稚園給我們的整體印象非常好，比較之前參觀過的三家市幼，這裡師生互動不但緊密，學校氣氛也舒適、自然多了。憑著第六感，我們替安娜填了報名表，而當場，安娜就獲得入學許可，這一切應該是幸運加巧合吧！

按此校往年的入學名額，安娜理應也排不到。不過當時這所幼稚園突然多出了十幾位小朋友升小學，因此多出了這十幾個名額。原本園方打算在暑假後與市府進行處理餘額手續（市立和教會幼稚園採分開報名制，但有餘額會相互通知），只是園長忙於校務尚未著手進行。由於他們仍有優先權將名額分發給直接到園區報名的小朋友，於是我們填好申請表後，立刻獲得了入學確認。終於，安娜三歲生日過後，開始背著小包包上學去囉！

安娜剛入學時最愛的蓓特老師。安娜很喜歡她，但不會老黏著她。嗯，比媽咪小時候獨立多了！

幼稚園的一天

不用「上課」的德國幼稚園孩童，在學校裡到底做些什麼？

8：00－9：30
唱唱跳跳，展開新的一天

安娜八點半到校時，已有許多孩子在教室和走廊穿梭著。

在安娜的幼稚園，八點至九點是送孩子們上學的時段。向來，老師並不會在門口接送孩子，家長必須自己帶孩子先在走廊換好室內衣物，再將他們送入教室。利用早上的這段時間，已在教室等候的老師和實習大姊姊，會和小朋友們玩桌上遊戲。當然，遊戲並非強迫性質，只是不願意參與的孩子們，也會被要求「自己找事做」。無論畫圖也好，玩積木也好，或者跟好朋友一起看本故事書，都可以算是「早自習」。

九點開始後的三十分鐘，便是全校的「晨會」（Morgenkreis），這是安娜向來最喜歡的活動。老師和小朋友們圍成一個大圓圈唱唱跳跳，若遇上節慶或某位同學的生日，則增加額外的節目。

9：30－10：50
今日活動主題—早餐料理

今天星期三，是安娜班上的「早餐料理課」，安娜總是很期待這

晨會時大家聚集在體育室，由老師帶領著故事或歌唱活動。

天的到來。一週五天，班上安排了不同的重點主題：週一是為即將上小一的孩童進行語言訓練，週二則安排全班一起做美勞，週三是早餐料理課，週四為安娜的首選——體育課，週五則固定進行「情緒教育」（Faustlos）的系列課程。

比起尼克，安娜對烹調並無濃厚的興趣，但她會期盼週三的料理日，主要是老師會帶著小朋友外出採購！今天，老師帶了班上的孩子們到超市買了幾盒雞蛋。說也奇怪，孩子們在群體活動中總是較能守規矩，到了超市完全不吵不鬧。不像我平時帶二個孩子買個東西，總得呼三喊四地要他們別到處亂跑！

孩子們一個個手牽手，慢慢又逛回學校後，便開始今天的鬆餅製作。此時，每個小朋友好像被老師嚴格訓練過似的，非常遵守使用廚房的規矩。見到年幼的孩子玩了起來，或觸碰到不該動用的器具，年長的孩子便馬上糾正。基本上，班上每個孩子皆有動手參與的機會。若某個孩子一時沒興趣，老師不會勉強。

鬆餅一個個烤了出來，小小孩幫忙著分配盤子，而大孩子則忙著把鬆餅分送到每個人的盤中。接著，誰想加果醬，誰想塗鮮奶油，這群三歲到六歲的孩子，全都自己來。餐畢，每個人自動將自己使用的餐盤及抹刀送進廚房，大孩子們則馬上開始幫忙清理桌面，事後老師會再擦洗一次。

10:50-11:45

不受限的遊戲與學習

就這樣，早餐料理課結束後，也過了十點半了。直到中午十二點放學的這段時間，便是所謂的「自由時間」。小朋友可以選擇畫圖、剪貼、玩積木、做黏土、聽老師講故事，或是跟好朋友們一起玩個記憶卡之類的遊戲……總之，孩子們在教室內的活動方式完全不受限制，但必須遵守器具使用與遊戲規則。

安娜的學校和許多德國幼稚園一樣，擁有一項台灣學校所沒有的特色，便是小朋友可以到其他教室參與各班的活動。雖然本校採取了班級制，但在自由活動時間內，孩子們可選擇到另外的教室，找朋友也好，聽故事也好，活動空間不受拘束。

這天，安娜拉著蕎拉說想找隔壁班的芬亞玩。只是才一走出教室，蕎拉就說不願意，二個女孩不知怎麼想的，便牽手跑去上廁所。回到自己的教室後，老師提醒她們要「找功課」來做，於是蕎拉提議玩樂高積木。就這樣大約半個小時左右，她們和雷尼及大衛一起堆著積木。這群四至七歲的孩子們合力將積木顏色分開，再搭成高高的城門，彼此間似乎已有特別的遊戲方式。令我感觸很深的是，至少在這次遊戲裡，我見到的是相互的合作，並非衝突與搶奪。

無論晴雨，這所學校的孩子們每天都有固定到戶外活動的時刻。

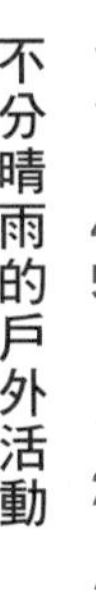

11:45-12:30

不分晴雨的戶外活動

通常十二點放學前的十五分鐘，老師會讓孩子們到戶外的遊戲區玩耍。晴天時便提早讓孩子出去活動，但雨天或雪季，小朋友也有在戶外的活動機會，只是孩子們必須穿上泥巴褲和雨鞋或是雪衣和雪靴，但若裝備不齊全，例如外套不防水，就只能留在室內等候（基本上，小朋友都會擺一套泥巴褲和雨衣雨鞋在學校）。

蒂拉的家剛好就在幼稚園旁，她母親總是很早就來接她。陸陸續續，班上和安娜比較要好的幾位同學像芭比、蘿拉、凱思婷、維多莉亞，也都被接走了。十二點半，老師喊了聲「吃飯囉！」，剩下的這些留校午餐的小朋友，立刻一窩蜂地奔向教室。每個孩子在走廊自己脫去外套和換上室內鞋，便排隊輪流洗手。

12：30－13：10 學習禮儀與責任的午餐時間

全德國約有四分之三的幼稚園小朋友只上半天班。有些學校雖然提供全天班，但名額有限，主要也僅分配給雙薪家庭（雖然不見得能夠分配到）。安娜就讀的這所學校只提供半天班，頂多再讓孩子們留校午餐。只是午餐名額非常有限，全校最多只有三分之一的孩子可參與學校的午餐服務。為了讓安娜有多一點團體生活的體驗，以及增加說德文的機會（留校午餐的幾乎是德國家庭的孩子），在安娜入學後，我們立刻幫她申請了留校午餐的機會。但也等上了三、四個月，她才正式加入「午餐一族」（Essenskind）。

今天，學校準備的是青菜沙拉、小香腸和馬鈴薯泥，而甜點則是安娜最喜愛的香草布丁。在學校用餐時，每個小朋友都很遵守老師教授的用餐禮儀，例如不嘻鬧、不邊吃邊說話等。飯後大家會將自己的餐盤端到廚房前的一個收放箱。令我不可思議的是，見到孩子們使用的每份碗盤，竟然都是貨真價實的磁器，非塑料的兒童餐具，我心裡馬上起了疑問：

「難道不會摔破嗎？」

「很少。但總會發生。不過這是孩子必須學習的，自己要負責拿握好！」

⊙安媽咪．安靜想⊙

德國的幼稚園採混齡制，並非像台灣有傳統的大、中、小班。因此看到了孩子們彼此的學習與互動，覺得非常特別。尤其令人訝異的是，小朋友們在某些狀況裡總能遵守約定。而老師面對孩子間的衝突，也總是可以心平氣和，並用公正公平的方式對待。這天，主要因為幫班上的孩子們照相（學年結束時會製作一本專輯），而讓我有機會看到這些可愛的場景。也因為體驗到這一天的學校生活，我也終於了解，為何安娜天天都愛上學去！

聽園長這麼回答，我只能投以佩服的眼光。事實上，在不少德國家庭的廚櫃裡，雖然也有塑料餐具，但許多德國父母的確也習慣為孩子準備兒童磁器餐組。

不過最可愛的，還是飯後小朋友們刷牙漱口的時間了！首先，老師將孩子們的牙刷和漱口杯分發下去。接著，小朋友們二三個站在鏡子和小水槽前，你看我我看你，不是相互做著鬼臉，便較勁誰刷得比較乾淨。而刷洗完的孩子，就像從籠中放出的鳥兒一樣，一個個奔向戶外的遊戲區。當我和安娜走出教室的同時，已見到諾拉和芃內莎的媽咪們，扶著腳踏車站在大門口旁等女兒了。

13：30 學校室內區完全關閉

下午一點半，並非放學的時間，而是學校作息完全結束的時刻。由於老師的看顧權責也到此為止，因此家長必須於此之前便到校將孩子接回。平時，當我帶著尼克來接安娜時，總還會讓孩子們和其他小朋友留在校內的戶外遊戲區玩上一陣子。當天氣好、下午也無其他活動，許多媽媽們也會在學校再待上一、二個小時。此時，孩子玩孩子的，媽咪聊自己的。這麼一待，回到家小憩一下，往往也是晚餐時刻！

安娜學校房舍的壁畫，主題是諾亞方舟。不過去學校一年多了，前陣子好奇地問了問安娜，發現她仍未聽過這故事。我們一直以為教會幼稚園應該會提到，後來才知道這家教會學校的作法較為中立。

教會幼稚園

在安娜進入這所基督教幼稚園前，我們以為在教會學校的環境裡，她可以學習到許多關於宗教的故事。只是有天，我問了已在學校待上一年半的她，是否聽過諾亞方舟的故事，她搖了搖頭。

事實上，在安娜入學時，老師和園長已向我們說明，除了晨會有一小段的祈禱和聖歌時間外，學校活動內容並非以信仰為主。後來發現，平時老師教授的唱遊曲目以及故事，若非與節慶相關，便是一般耳熟能詳的德國兒歌與童話。

我無法確認，是否德國所有的教會幼稚園皆是如此，但從認識的友人間所探聽到的狀況，多半也屬此類教學風格。頂多，有些學校會舉辦定期的禮拜活動，有些幼稚園則利用晨會時間，講述聖經的故事。不過這些學校一致的共通點，便是非常尊重小朋友及家長們各自的宗教信仰。因此在許多德國的教會學校裡，也是有不少伊斯蘭、東正教等家庭加入。而孩子間，不會因為你黑我白而劃上界線，更不因對方的信仰與文化背景產生衝突。要說他們真正在意的，應該是誰有了最新款的海綿寶寶背包，或誰穿了一雙朵拉的雨鞋來學校吧！

入學症候群

知道嗎？孩子在幼稚園的半天，相當於成人上班八小時！

前些日子接到小凱媽媽MSN的訊息。焦急的她連續留了一堆小凱滿三歲剛上幼稚園的狀況。其中不外是，原本滿合群的小凱，突然變得很黏人。剛開始上學時會小小的哭鬧一番，雖然最後仍願意去幼稚園，只是在學校總黏著老師不放。而個性隨和的他，每次放學後便開始發脾氣。但據老師說，他在學校表現都很好，完全不是個暴躁的孩子……這讓我馬上想起安娜剛上幼稚園的狀況。大約入學後半年左右，她也曾經歷過這些「情緒」和「行為」方面的問題。

孩子哭鬧著不願上學，肯定是父母最頭痛的狀況了。

當初我們也煩惱，安娜能否適應群體生活，甚至預期她可能哭上二、三個月呢。不過入學後，安娜的分離焦慮現象比想像中好很多。我一直記得，當初帶安娜的老師蓓特曾強調了好幾次：「孩子哭了，是正常的！」她說，每個孩子因個性不同，有些孩子可以哭上一個月，有些孩子只哼個幾聲，跟母親抱抱說拜拜就沒問題。而有些孩子在第一時間沒任何反應，但幾個禮拜後，才開始哭哭啼啼。

在這方面，除了與老師要有相當程度的配合外，我想，父母自己必須先保持冷靜。因為孩子總是能感受到——尤其是媽媽的情緒。通常，若媽咪越想將寶貝快快丟給老師，孩子反而會更加緊

安娜滿三歲後的第二天就進入幼稚園了。老師為了歡迎她，讓她更容易融入團體，特別馬上替她安排了一場慶生會。當天，安娜戴著老師做的生日皇冠高高興興地回到家。隔天一早，安娜竟然已主動要求快快上學去！

張、哭喊得更大聲！

在德國滿三歲的小朋友，多半已不需午睡（也因此，德國孩子晚間七點就上床了）。但剛入學時，因為體驗及學習到的東西非常豐富，加上活動量也比以往在家中多出許多，導致孩子們回家後，往往有較強烈的情緒反應。尤其當好奇的父母在孩子放學時，老愛追問著，學校好不好玩啊？你做了什麼啊？你有跟誰玩嗎？這些似乎只是小小關心一下的話題，卻很可能惹火了只想讓頭腦安靜一下的寶貝。試想，自己上了整天的班回家後，老媽馬上拿著菜刀跟在你屁股後面追問著，今天工作如何？老板有沒說什麼？中午吃了什麼？即使成人的你，一定也會抓狂吧！

「孩子在學校的半天，相當於我們成人上班八小時！」在學校座談裡，老師和我們多次提到了這挺有意思的觀念。

對付這種才剛上學的「不定時小炸彈」，我和安爸研究了半天，決定採取「三不政策」：不在放學後煩她、吵她或問她學校的事。雖然每每接安娜回家的路上，嘴巴是癢得不得了。但為了獲得寧靜的一下午，也只得運用忍術，把話題延至晚安時間，也就是上床前再跟她談談心，問她一、二句。

如果感覺到孩子真的很累，也可以讓他恢復小睡的習慣（若他願

愛剪剪貼貼的安娜，於三歲三個月開始挑戰中文剪紙。剪出的第一個字是當時剛好應景的「春」。當時我先幫她將紙折半並描了邊，再由她自己剪下。現在已經四歲半的她漸漸有了對稱的概念，已會自己折紙描邊並剪紙了。

意）。安娜是直到滿四歲後，才漸漸不需午睡。不過在這方面，每個孩子不同，有些小朋友一放學，仍可以精力旺盛地跑跳整個下午，有些孩子卻需要好好躺下休息片刻。總之，放學回家後，引導孩子做些放鬆的事，例如摟著他說故事、放他喜歡的音樂、做些他有興趣的靜態活動，都是不錯的休息方式。

此外，家中是否有幼齡或剛出生的弟妹也會影響孩子的入學適應。

就如菲力斯——安娜班上的小男孩。菲力斯很可愛，短短又鬈鬈的金髮，長得極像拉斐爾的畫作〈西斯汀聖母〉中的小天使！只是，比安娜小二個月的他，剛入學時，是個令老師極為頭痛的孩子。因為他的脾氣和情緒，總處於最尖峰的狀態。老師一度以為他是過動兒。後來在與菲力斯的父母溝通後，才知道他的反應是能理解的，因為家中，他有個四、五個月大的弟弟。

德國媽咪間普遍存在一種有趣的說法：二歲前的孩子較容易接受新生兒；比較忌諱的是在老大滿三歲前後才生老二。因為德國幼稚園的入學年齡以三歲為主，此時剛上學的老大，應付學校作息的同時，也須適應家中之新成員，心理上勢必有不少的負擔。例如那位可愛的小菲力克斯在入學時也許會這麼想：「你看，就是因為弟弟，所以爸爸媽媽要把我送去其他地方，因為他們只想陪

弟弟！」

遇到這種狀況，除了讓老大更積極參與照顧寶寶這件事，在媽媽忙著處理小寶寶時，爸爸就得多花時間陪陪老大。當然，老大會在意的，主要仍是媽媽的態度。此時媽媽們的確會更辛苦些。因此在許多事情的處理順序上，或許以老大為優先，將他的情緒先安撫好，接下來的一切便容易順手多了。

安娜和尼克雖然只差一歲半，但安娜入學時，我仍在安娜放學後安排尼克的午睡時間。如此一來，我至少有半個小時可與安娜獨處。而晚間睡前，在老二仍較早上床的那段日子，我也刻意拉長與安娜的晚安時間：也就是弟弟七點入睡，安娜八點才上床。總之，我儘量安排出與老大的一對一時間，讓她至少不會感受到，父母是因為弟弟才把她趕去學校。

而除了學校的適應問題，回到家裡，孩子行為也會有些變化。

這是發生在安娜入學後的二、三個月。不知為何，每次回到家時，她總是比少奶奶還難侍候。這個不滿意，那個不想要。此時，她也開始去使用一些未曾被允許的工具或物品，例如媽媽的大剪刀和菜刀等。同時，她也對於某些在家中的規定，開始有了自己的意見！

小花要太陽才會長大呀！（安媽咪補充：看著安娜畫圖，我好奇地問她為什麼每次都要畫太陽，沒想到她回答：「小花要有太陽才會長大呀！媽媽，妳不知道嗎？」）

⊙安媽咪・安靜想⊙

孩子入學時，由於環境與作息的改變，各方面都需要一段適應期。尤其若家中此時剛好添了小弟妹，許多身為小哥哥小姊姊的孩子，或許因為個性，很難接受這個事實。此時父母能做的，便是控制我們大人自己的情緒以及調整對待老大的態度。當然，世界上沒有完美的父母，但只要盡心盡力，孩子自然也能感受到你為他做的一切！

起初，我們以為她睡不好或睡不夠，一時情緒不安而已。後來跟老師聊了聊才發現，原來我們對於安娜的約束似乎已經「過時」。一般在德國幼稚園裡的規則和老師給孩子的權限，是我們父母無法想像的超齡。因為在混齡的團體中，老師們無法為每個孩子劃界出個別的權利，所以他們會用統一的方式和態度去面對小朋友，而孩子們也因為老師的尊重，加上所謂的團體效應，通常會有出奇良好的表現。

因此當我們知道，安娜進了幼稚園也拿過大剪刀，或者使用小刀幫忙老師切蔬果後，我也開始給她幫忙切菜的機會。對於一些規定，我們也重新檢討，放寬她的自由空間。看著現在四歲半的她，努力拿著抹布擦著地板上打翻的水，卻仍無法完全清理乾淨。但孩子就是這麼一步步學習的，做爹娘的我們，是該慢慢縮回手，讓孩子嘗試一切自己來了。

便當盒

帶一條香蕉到學校，竟然要用盒子來裝？

上次回台灣，母親突然提醒我，是否要買幾個便當盒。「便當盒？」我突然不知道自己的媽媽在說什麼，好像，她講的是阿拉伯文一樣。

「便當盒呀！妳要不要多買幾個，安娜上學會用到吧！」

便當盒，對我似乎是個非常久遠的名詞了。尤其十多年前來到德國後，幾乎與這三個字完全脫節。我還記得我的第一個便當盒，是父親特別從日本帶回來的，比台式傳統便當盒還要薄一點長一些，盒外附有抽取式的筷子擺放匣。我想這種便當盒在當時不常見，因此只要便當一抬到教室，大家就盯著我拿起便當盒，一直到我將它打開、吃完。雖然如此，我卻一點都不覺得有什麼神氣或稀奇，反而老羨慕其他同學的傳統便當。有好幾次，我還和同學偷偷交換便當，大家都吃得津津有味呢！

因此突然聽到母親的提醒，我還真想跑去買幾個傳統便當盒，安娜一個、尼克一個，還有老公也一個！只是，我忽然也想起了自己以前的經驗和感受，畢竟小朋友總是希望與同儕有相似的用品。想了想，決定等回德國再說。

安娜的幼稚園只有半天班，基本上不需要帶便當。即使留下來午餐，餐點也由校方完全供應。但每天上午約十點，學校會有所謂

安娜教室一景。以往小朋友各自帶點心到校時，馬上就吃了起來。

「第二份早餐」（Zweites Frühstück），也就是點心時間。家長們都會為小朋友準備一盒早餐或點心，除了最基本的麵包夾起士和火腿片外，也可以是紅蘿蔔、水煮蛋或水果。

我記得安娜剛開始上學時，我讓她帶的麵包，是用麵包紙袋或塑膠袋裝著。這純粹只是實用和方便，什麼環保不環保，好看不好看，老實說，我完全沒時間去想。有一次，安娜在廚房拿出了一只保鮮盒對我說：「媽媽，我想帶這個Box去學校。」「喔，這個Box？」粗心的我，連問都沒問清楚，便將保鮮盒又收了回去，因為，我以為她想帶盒子去學校玩扮家家酒。

沒辦法，會有這種想法，是因為安娜和尼克老愛翻廚房的保鮮盒。他們拿來拿去，一會兒要學巧虎賣早餐，一會兒當美人魚的珠寶盒，一會兒又變成醫生專用的醫藥箱……於是，我們整間房子上上下下，都能見到保鮮盒的蹤影。因此，當安娜突然說想帶保鮮盒到學校時，我第一個念頭便是，老天，難道保鮮盒的「版圖」將要擴張到學校去？哦，不，千萬不可，保鮮盒還是留在家裡吧！至少急用時，我自己翻箱倒櫃還能找得到。

就這樣過了好幾天。有個早晨，突然聽見廚房裡的安娜和安爸，出現了這樣的對話：

這是爸爸和我。每天早上爸爸都帶我去上學！你看，我畫的心上面都有翅膀喔，很好玩吧！（安媽咪補充：安娜在圖中畫了很多的心，似乎表示著她也很享受爸爸帶她上學的時刻，而且這張的爸爸，畫得特別帥耶！）

「爸爸，我想帶這個到學校。」

「喔，好。」

呃？帶什麼？而且安爸還一口就答應了？早餐和點心我不是準備好了嘛？納悶的我把頭往廚房一探，見到安娜喜孜孜地抱著一個保鮮盒，但裡頭好像，咦，裝著我剛剛才放在袋子裡的麵包啊！接著，聽見安爸跟安娜提議：「今天等爸爸下班，我們一起去買妳自己的早餐盒！」安娜馬上用力點點頭並嘻嘻笑時，我則搖頭想著：「早餐盒？帶塊麵包要什麼早餐盒？」我用一種不可思議的眼光，目送這對父女走出家門。

自安娜入學以來，多半由安爸送她去上學。因為他覺得在路上可以有多一點時間和女兒聊聊天、講講話。不過當安爸較忙或出差時，便由我接送。就在安娜有了自己的早餐盒不久，有天我親自帶她上學，也終於了解她一直向我要保鮮盒的原因了。

這所學校裡，雖然點心時間十點才開始，但有些孩子在家裡來不及吃早餐，也會提早把早餐盒打開。因此當我送安娜進了教室，教室的方桌上已擺滿各式各樣的早餐盒了。老天，有蘋果狀的蘋果盒、漢堡型的圓麵包盒、方塊狀的土司盒，還有，竟然還有香蕉狀的香蕉盒？而且裡頭還真的放了一條還未剝皮的香蕉！

⊙安媽咪・安靜想⊙

安娜的學校從上個月開始，改由校方提供上午的早餐及點心。這項改變的主要原因，在於許多家長讓孩子帶了太多甜食甚至零食。另外在界定早餐盒的內容上，每個家庭文化與習慣不同，難免有不一致的地方。尤其少部分學生的家長，無法每天為孩子們負擔所謂「名牌」的兒童食品，也就是媒體上常見的優酪乳類產品。校方認為，統一提供餐點，可避免小朋友間的相互比較，也可減低部分家長在這方面的困擾。

雖然我覺得，孩子要比，什麼都會比。即使穿了制服上學，也會比較水壺或雨鞋上有沒有朵拉或海綿寶寶。像在安娜的學校裡，孩子們「真正」會在意的地方，仍是衣服、背包或玩具。然而，由校方供應早餐對我們是有個好處，就是孩子可以早點適應德國當地食物。畢竟在德國，若老吃不慣這裡的麵包、起士、火腿片（就像我，只吃冷食總覺得不飽），將來的問題還真不少！

當然，這只香蕉形狀的香蕉盒，最吸引我的注意。事實上，這種盒子我曾也在網上見過。只是，我一直懷疑有哪個媽媽真的會買下它，或有那個小朋友真的會使用它。畢竟每條香蕉的彎度不一，即使是Chiquita（德國著名的香蕉品牌，沒錯，在德國連香蕉也有品牌之分，不過吃來吃去，還是台灣香蕉最香最甜最好吃！），每批香蕉也是有長有短、有彎有直。因此頭一次看到這個香蕉盒活生生出現在我面前，除了訝異，還感到非常有趣。

不過還好，安娜並沒要求我買這種香蕉盒。在這方面非常安分守己的她，始終很喜歡老爸送她的粉紅色早餐盒。那天早上在教室裡，安娜指著莎拉的早餐盒跟我說：「媽媽妳看！莎拉有跟我一樣的Ｂｏｘ喔！」我聽了馬上想起我以前的便當心情。而看到學校每個孩子都用Ｂｏｘ裝了水果和麵包，也終於完全理解安娜的想法了。

倒說起Ｂｏｘ這個字，安娜在開始用她專屬的早餐盒時，曾這麼問我：「媽媽，Ｂｏｘ的中文是什麼？」我想了想，早餐盒、點心盒、保鮮盒，應該都能這麼說。只是，如果用「便當盒」，聽起來更窩心呢！於是我指著她粉紅色的盒子告訴她：「這叫作便當盒。我們就叫它便當盒，好嗎？」

原本期待著安娜會點點頭並乖乖地說聲「好」，卻換來一張莫名其妙的臉：「可是…媽媽啊…什麼是便當盒啊？」

戴著眼鏡上學去

我從未料到，安娜的眼鏡效應竟會如此的單純和可愛。

不到四歲的安娜，竟然需要戴起眼鏡來了。

安娜在四歲生日前，被意外檢查出有嚴重的散光，一眼三百，一眼四百。當醫生宣佈，安娜必須戴眼鏡，我和安爸聽了既震驚又心疼。因為我們完全沒料到，安娜需要眼鏡，而且從這麼小就得開始戴。不過，當安娜聽到她會有一副眼鏡，竟興奮極了！因為前陣子尼克才把安娜的小太陽眼鏡給弄斷，我答應再買一副新的給她。看見安娜還搞不清楚狀況地手足舞蹈，我們也順水推舟地問她，想要什麼樣的眼鏡，沒想到她似乎早已想好了：「我要紫色的、長方形的眼鏡。」

在眼鏡行裡，安娜左挑右選的。這些超過一百多副的小小眼鏡，我們大人也看得眼花撩亂。選了十幾款出來老顯得不搭，大概東方人的頭寬和臉型跟西方人不太相同。直到店長走了過來，親切地尋問安娜的喜好，便隨手挑了四、五支。果然，還是有其專業，店長選出來的款式都極適合安娜。認真的安娜輪流試戴著，就在戴上一副亮紅色的鏡眶時，她站在鏡前搔首弄姿、又扮了好久的鬼臉，後來，竟不願拔下了！

製作好的眼鏡比預期早一個禮拜送達，我們當然立刻帶安娜去領取。事實上，我們之前打算先知會班上的老師克里絲，是否該準備什麼來「慶祝」一番（雖然「戴眼鏡」對我們大人而言沒什麼

好慶祝，但對於孩子，他們會覺得是個特別的開始）。只是，還來不及跟老師商量，眼鏡就來了。而當克里絲老師一見到安娜戴著眼鏡走進教室時，馬上稱讚安娜的眼鏡很漂亮、也很適合她，還特別跑去翻自己的包包，把老花眼鏡也拿出來獻寶似地給安娜瞧了瞧：「妳看，我也有喔！我是藍色的！」

那天，剛好是班上同學潔西卡的生日，潔西卡的媽咪帶來了一個大蛋糕。當老師準備在蛋糕上插數字六的蠟燭時，順便問了潔西卡願不願意在蛋糕上加一小根蠟燭給安娜，因為今天是安娜第一次戴眼鏡來上學。令人感動的是，也是眼鏡族的潔西卡很爽快地點點頭。之後大家便唱著生日快樂歌，在潔西卡吹完她的蠟燭後，安娜也興奮地吹熄了那根為她而點的小蠟燭。

我們後來才知道，原來，點蠟燭是園長的主意。之前的某天，我跟園長聊天時，安娜不小心從單槓上跌了下來。我們倆同時跑了過去，仔細檢查後，確認安娜沒受傷。隨後我提到，不知是否安娜看不清楚才沒抓穩，因為前幾天她才被檢查出有三、四百度的高度散光。園長馬上安慰我說，她也是從小就戴眼鏡。雖然我沒提起安娜戴眼鏡上學是否需要小小「慶祝」一番（覺得是班上的事），但園長非常細心，當天看到安娜戴著眼鏡來上學，便立刻和班上老師安排了點支小蠟燭。

現在孩子的玩具，什麼都有。偶然在玩具店中發現這只戴眼鏡的小娃娃時，安娜興奮極了，始終抱著她不放。而心軟的媽咪，也真的覺得娃娃很可愛，於是馬上敗了這個娃娃給安娜。

放學前半小時，安娜也如平常般，跟大家到戶外遊戲區活動。但這天，幾位隔壁班的小朋友特別跑過去與她攀談。老師說，孩子們對眼鏡太好奇了，雖然學校已經有戴眼鏡的小朋友們，但眼鏡對孩子永遠是一種新奇的玩意兒。加上小朋友的眼鏡也越來越漂亮和精緻，所以許多孩子是羨慕得不得了。

回家的路上，安娜很高興地從口袋掏出二顆栗子給我看，她說這是隔壁班的二位小朋友送給她的禮物，因為她們覺得她的眼鏡很漂亮！我實在沒料到，安娜的眼鏡效應竟是如此的單純和可愛。於是回到家，特別將這二顆栗子收好，並拿了一張小紙條記下它們的來歷。想說，等安娜長大再翻出來，將會是份很特別的回憶吧（只希望栗子別爛了）！

晚上睡前，安娜突然問我：「媽媽，我明天可以戴眼鏡去學校嗎？」我說當然可以呀，而且以後都要天天戴著上學喔。望著安娜閉上眼後甜甜的臉蛋，我忽然又為寶貝公主將來必須戴眼鏡而難過了起來。不過，想到她今天所遇到的一切，心中又萬分感恩，感恩她能擁有這麼細心的老師們，也感恩她有著一群可愛又友善的好同學！

⊙安媽咪・安靜想⊙

有越來越多的孩子在三、四歲就配戴了眼鏡，但多數幼童的眼鏡都是矯正用的。在安娜班上，有的小孩在入學前已戴眼鏡了。不過安娜是在大家認識她後才戴上的，因此我們之前會顧慮到同學們的適應問題。但我們實在不曉得，自己為何會有擔心她被同學嘲笑的這種想法，畢竟我們以前都並未被嘲笑過。不過，就在安娜戴上眼鏡後的某一天，她很難過的說，馬克不喜歡她的眼鏡。我於是帶著她到浴室，讓她仔細照照鏡子，看看自己可不可愛，並問她喜不喜歡這副眼鏡？安娜笑咪咪地點了點頭。後來我對她說，我喜歡她的眼鏡，就像許多老師和小朋友也都喜歡一樣。不過無論誰喜不喜歡，自己喜歡是最重要的！不知道這未滿四歲的孩子，懂不懂媽媽的話，但衷心希望，將來她也能用這種態度去面對她人生的其他問題。

秋千達人

只玩秋千，這怎麼可以？
當然可以，安娜玩給你看！

安娜在三歲進入幼稚園前，是個內向又怕生的孩子，我們因此非常擔心她能否順利地適應團體生活。不過出乎意料，安娜入學的狀況比我們預期好非常多。也或許是緣份，之前雖然不認識班級導師蓓特，但自從安娜第一次見到她，便馬上停止哭泣。入學後第三天開始，只要安娜一見到蓓特老師走來，便主動跑去牽她的手，而且還頭也不回、再見也不說地把爹地一人丟在走廊上。

在安娜上學前，每次我們到公園，二個孩子總喜歡盪秋千。當然安娜也會玩滑梯或攀爬架，不過秋千始終是她的最愛。有時姊弟倆盪呀盪的，就能耗上足足四、五十分鐘。只是當時才二歲多的她，總要人抱她上去，必要時還得推個好幾把，才能享受秋千的樂趣。

很幸運的，在安娜幼稚園的校園裡，也有一座秋千。剛開始，老師為了跟她博感情，在固定的戶外遊戲時間，總是和她一起玩秋千。從抱她、推她到引導她與小朋友輪流玩，漸漸地，安娜開始與實習的大姊姊和其他老師有了互動。大家幾乎都是在秋千上認識了安娜，而安娜也由秋千開始了她的交際，或者說，開始了她的校園生活。

每一次，真的是每一次，接安娜放學時，總見她在秋千上盪呀盪的。只要我一進校門，在秋千上的她便高興地大喊著：「Meine

我想謝謝的人就是秋千，因為玩秋千的時候我很快樂！（安媽咪補充：老師要小朋友們在感恩葉畫出想要感謝的人。沒想到，從去年到現在，安娜畫上的竟然都不是老師或爹娘，而是秋千！她並請老師代寫要謝謝秋千。）

Mama kommt！我的媽媽來了！」其實根本不需她喊，往往我還沒走到學校，在路口遇見帶著孩子回家的媽媽，大家已經會主動報告：「安娜在秋千上等妳了！」

「五育均衡」是我們在台灣從小獲得的學習觀念。什麼東西都要玩一下、都要碰碰看，則是不知從哪兒來的想法。剛開始，看著安娜高興地在秋千上又唱又叫的，我們也感到很高興，完全不以為意。不過隨著時間，心裡慢慢起了疑慮：「奇怪了，安娜怎麼不玩其他東西？或跟小朋友們挖土坑或堆沙堡呢？」於是有一天，我問了老師，安娜在戶外只玩秋千，或也玩其他東西呢？老師瑪提挪當時這麼回答：

「安娜幾乎都待在秋千上呀！因為她是真的很愛盪秋千。不過妳看，她笑得多開心！孩子開心就好了，不是嗎？」

「啊？什麼？孩子開心就好，是喔？」我腦中立刻浮現這句話，只是當場沒說出口。

我相信，老師的這一句答案，不能滿足許多像我一樣求「好」心切的家長們。試想，我把孩子送進幼稚園去，難道老師就天天讓她玩秋千，不鼓勵她從事其他活動，這怎麼可以！

似乎有一千顆耐心的瑪提挪老師，總是要我們不用操心。

於是，我好幾次向瑪提挪老師提到這個問題，但每一次，老師總是很有耐心地對我重複同樣的答案：「請您不用擔心，盪秋千可以促進腦部發育，對神經系統和肌肉發展都有相當的幫助。秋千也可以訓練孩子的平衡感。而且與小朋友們排隊輪流玩，或在秋千上一起唱歌，一塊兒聊天，這都是孩子間彼此最重要的互動。另外在玩秋千的同時，小朋友也可學習遊戲應有的規則……所以請放心，孩子知道自己需要什麼，他會一直重覆某樣事情，那是因為他覺得他需要，或者，他只是樂在其中！」

就這樣，我們「饒」了老師，也讓安娜玩了大半年的秋千。

後來有一天，我突然發現，安娜不但在秋千上，運用各種花招上下自如，還會側坐擺盪。最驚人的是，她已經可以用自己的力量，盪得非常高，擺盪幅度幾乎是一百八十度的平行。許多經過的老師見到了，都會稱讚個幾句。他們總說，當時三歲半還不到的安娜，已擁有這股力道，是相當不錯的表現呢！但做媽的我看著女兒這樣盪，心跳差點快停止了。

接著有一天，我又突然發現，怎麼安娜不在秋千上了？我仔細觀察，發現她開始玩起其他的器材，甚至跟大她一、二歲的小男生玩得一樣好。我看著她和男孩們從高台上跳躍至沙地（遊戲平台的高度是專為學齡前孩子所設計，因此這種作法是被允許的，雖

⊙安媽咪・安靜想⊙

安娜在學校第一年的發展，從一位害羞又怕生的孩子，成長為勇敢又活潑的小女生，安爸和我的內心是非常高興也萬分感恩的。不過，若想將之歸功於秋千，倒不如說，我們有些時候的確要信任老師，以及相信孩子自己的能力。經由這次的秋千經驗，我們也發現，當孩子專注於某件事情時，的確是有他的需要。有許多小事情的學習，無法在短期內看出成果，但因此而將之忽略或省略，將是非常可惜。

然那次看她跳下時，我也快不能呼吸了）、玩超快的旋轉輪、爬上小木屋的屋頂、和同學們一起在滑梯下的沙地，挖了條可以穿爬的小隧道……我猜，目前只剩學校的大樹還未被她征服吧！

只要坐上秋千，安娜永遠是笑咪咪的。好像，一切夢想都會實現的樣子。

安爸的大頭照

從少管事的父母，一躍而成家長代表，看看安爸的心歷路程。

一拿到上次家長會的會議紀錄，我馬上打開翻閱著。

安爸這學年進入了安娜幼稚園的家長會，實屬意外中的意外。對於凡事都頗低調的東方人，我很誠實的說，其實我們也屬於那種「最好啥事都別多管」的父母。因此安娜在幼稚園的第一年，就這麼安安靜靜地度過了。

不過在這一年中，光接送安娜上下學，我們的感覺並不怎麼好。因為有許多幼稚園或家長間的訊息，並非每次都發通知，也因此，我們總是很晚才從其他媽媽口裡得知某些不算新的消息。加上許多家長總是很熱絡，也非常積極參與學校活動，而我們自己，除了慶典時捐個蛋糕供義賣外，與學校並無太多的互動。不過我們會有這種行為，完全與這家幼稚園的宗教信仰無關，純粹是基於那種「少管閒事」的心態而已。

由於德國幼稚園的名額非常有限，在本市也是一位難求。按一般正常程序，為我們老二尼克申請市立幼稚園（本市除了市幼與教會幼稚園外，並無私立學校），他滿三歲的這年肯定是排不上的！雖然這家教會幼稚園是獨立招生，但明年的名額也緊得很。在某次與幾位媽媽們閒聊中才得知，她們熱心參與學校各項活動，是為了想讓孩子能「順利入學」。有位媽媽甚至還正式加入了教會機構服務呢。

孩子能否如期入學，是個現實的問題。而這種「家長為了孩子而更熱心參與」的現象，我想世界各國都一樣。為了這個問題，我曾跟安爸討論了很久，我們到底可以做些什麼。安爸說，那天他和園長聊天時，突然聽她抱怨，每次節慶義賣，家長們雖然都熱情地提供蛋糕，但最近大家的參與感越來越弱，義賣人手也越來越不夠。

這所教會幼稚園的經費來源，基本上以學費為主，教會雖也提供資助，但非常有限。因此自從這位園長上任後，為籌募額外經費，便發起各式的義賣活動。以往每次遇到節慶義賣，我們也像多數家長一樣會捐塊蛋糕。不過，安爸聽了園長的這番話後，便和我商量著，既然是給幼稚園的，自私點想，終究是給女兒用的，或許我們也該多多消費吧（就是多買幾塊自己做的蛋糕）？我聽了馬上開了個玩笑：

「老公，那你不如更自私點，為你寶貝兒子著想，明天就去登記夏日園遊會的義賣值班表吧！」

隔日傍晚，安爸下班，一臉笑咪咪地走進家門。我玩笑式地問他，登記了哪個時段，這麼高興？沒想到他回答，中間的時段，沒得選，其它都有人填了。「嘩，老公你好乖喔！」我心想，「還真的去登記了呢！」於是又問，怎麼這次大家這麼踴躍？他

答，妳不知道，還不是我們這群積極的父母！聽著安爸數了幾個名字，我大笑三聲，原來都是明年老二、老三要入學的家長們！有意思，真有意思。接著，安爸一臉神秘地笑著：

「後來，我又登記了另一樣東西。」

「這麼認真，不會是打掃廁所吧？」我嘻皮笑臉問著。

「我登記了家長代表的候選人。」安爸開始咧嘴微笑。

「什麼？」我以為我聽錯了，真的？

「我現在是家長代表的候選人！」安爸笑得更開了。

「什麼？」我希望我聽錯了，真的！

親愛的老公，不是我說你。我只是……只是想請你去登記個義賣的值班表而已，怎麼你想到去當什麼家長代表？不過看著安爸開心的樣子，又馬上秀出他今天在公司精心撰寫好的「自我介紹」，洋洋灑灑的一整張A4紙，上方還牢牢貼了一張他自己，嗯，七年前的大頭照，我投降了。

原本我們以為這種「家長代表」應該是沒人做，或說，是沒人想做的職務。沒想到候選人數越來越多，而且選舉當天，一位候選媽媽還為了選票問題當場發了飆。哦，原來這是大家搶著坐的位子！安爸說，其實這樣不錯，沒當選也無所謂了，因為大家都想為孩子們多做一些事。

⊙安媽咪．安靜想⊙

德國許多幼稚園也有由家長所組成的代表團體。原本以為家長代表的角色，只是促進家庭間課餘的交流。正式進入家長會才發現，原來家長代表還得全權負責學校的各式活動。幾乎與學校相關的慶典與遊行活動，雖然名義上與教會共同舉辦，但實際的工作細節，例如遊行前的活動申請及對外推廣、與警方和急救單位之接洽、樂隊召集、園遊會餐點安排……皆屬幼稚園家長會之職責。雖然增加不少工作，但藉著各項活動的參與，與其他家庭有了更多的互動，這些珍貴的經驗也讓我們感到非常值得。

雖然知道有不少家長的熱情參與是「另有目的」的，但很多家長表現出來的熱忱與作為，卻一點也不讓人感到做作。事實上，安爸個人想參與家長會，也不單單只是為了尼克的入學（在本校，即便進入家長會仍無實質上的影響力），他參選的目的，主要想讓安娜班上的課外活動更豐富，家長間的訊息溝通可以更公開、透明化，以及家庭間彼此可以有更多的聯誼機會（他交待我在書上一定要把政見一一寫出）。

蘿拉的媽咪凱絲是第一位公開表示要支持我們的人。大家私下都知道，她是一位可以帶動眾人意見的媽咪。原本她也想出來競選，但看到已有這麼多家長參與，加上她的老三還不到一歲，於是打消了此念頭。不過當她說出她會投安爸一票時，我們簡直受寵若驚。而到了最後，安爸還真的當選了。

沒想到原本一句玩笑話，最後竟成真了。只是，在積極參與學校事務的同時，與其他家長和老師有了更多的接觸，也讓我們在各方面有意想不到的收穫！如今回想起來，或許，除了蘿拉媽的挺力相助外，也得感謝安爸他那張「七年前的大頭照」。因為他始終相信，他個人的魅力才是他當選的主因呢！

教會與家長代表的照片欄。

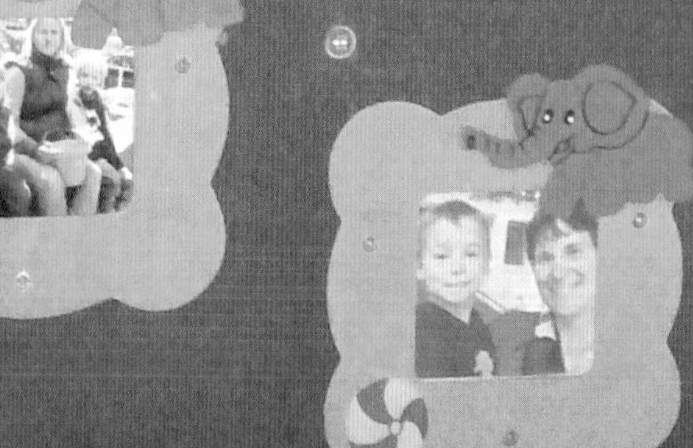

出錢不如出力

當我們正式成為幼稚園的家長代表時，台灣親友馬上好奇地問，該不會錢要捐得比台灣還多呀？台灣一般學校之家長會，似乎總得捐上好一大筆的錢。但在德國，至少安娜的學校，沒人強迫，也無任何壓力。老師和園長反倒認為，與其出錢，不如出力！

雖然，學校不見得經費非常充足，但人力卻總極為缺乏。尤其當學校舉辦對外開放的園遊會，以及逢年過節的各式慶典，光是啤酒桌及大批飲料的搬運，小朋友的爸爸們就得出馬了。此外，活動中的販售工作，當然不只是老師的職責，許多德國家長除了例行捐盤蛋糕，也參與販賣行列。同時，大家為了活動，也會熱情地自製果醬、甚至將自己的手工藝品拿出義賣，雖然價格並不便宜，但家長和市民們，卻總也樂於消費。畢竟，活動中的全數收入歸屬於學校。比起填張一千歐元的支票（當然，你也是可以這麼做！），有更多的德國父母會以這些方式來替學校籌措額外之經費。

班上同學大衛的媽媽很熱心，為了義賣，親手做了二十多罐的黑莓加蘋果口味的果醬。這次我們馬上搶了二罐，因為她的果醬真的不錯吃！

這張貓咪和兔子的椅子，可是出自於園長的巧手囉！她將學校淘汰掉的舊椅子重新整修，細心地磨掉表層的舊油漆，再重新做上色等完整手續。見到她在學校跳蚤市場裡慢工出細活的表現，許多人在作品未完成前便向她下了訂單。但這張椅子可不便宜喔，一張也要價35歐元（約1,500元台幣）哩！

復活節期間，家長輪流準備小點心。班上的一位德國媽媽特別烤了傳統的「復活雞蛋麵包花」，就是花型麵包上再擺顆染好色的水煮蛋。

德國的傳統？

德國人眼中，如何看待屬於進口文化的「萬聖節」呢？

萬聖節到了。幼稚園的教室裡，擺了一顆大大的南瓜，老師為它戴上了黑色的長尖帽，打扮成一個可愛的巫婆。

說起來，德國在西元二千年前，並沒有萬聖節的蹤影。而南瓜，也是近幾年因應這「進口文化」才逐漸普及。我還記得十幾年前來德國時，很無知地問了德國同學們如何慶祝萬聖節，卻沒想到招來好幾張不解的臉。我也還記得當時，至少在我讀書的那個南德小鎮上，根本看不到有人賣南瓜。但今天，從九月開始，德國省道或鄉間小路到處可見南瓜攤，每家商店也擺滿了萬聖節的道具、玩具、服裝、以及各種飾品。就連超市裡各項食品的包裝上，不是畫了顆橘色的南瓜，就是飄著一隻小幽靈。總之，萬聖節一到，德國各商店的陣仗，絕對不輸給嘉年華或復活節！

早在萬聖節來臨的前三個禮拜，身為家長代表的安爸，便向許多家長提議了帶孩子們討糖果的遊行構想。而萬聖節的前幾天，剛好有個家長座談，於是安爸趁此將遊行的細節再次提出討論，沒想到，一位德國媽媽馬上舉手抗議，表達強烈反對：

「萬聖節，這根本不是我們德國人的傳統！這種從美國傳來的丟雞蛋的不良文化，實在糟糕的很！這討糖果丟雞蛋的行為應該嚴格禁止，不應廣為宣傳……尤其是丟雞蛋，難道你要我們小孩也要去學美國人丟雞蛋？」

教室裡的南瓜巫婆。

聽到這位媽媽理直氣壯地說著，甚至激動了起來，全場是一片鴉雀無聲。因為，大家完全沒料到，這項提議竟會引起如此的反應。況且，現在許多德國人過萬聖節，已是個不爭的事實。尤其在萬聖節的這個禮拜，廣播中天天都有萬聖節化妝舞會的活動消息。而小朋友們在萬聖節的傍晚，成群結隊挨家挨戶地要糖果，在德國也不是什麼稀奇的事了。更何況，當我們提出討糖果的遊行時，根本沒想到「帶雞蛋」這回事，更別說要讓孩子們去丟雞蛋。

我不曉得美國孩子是否真的會丟雞蛋，也或許美國人已習慣了這項風俗。但我們非常清楚一件事，在德國只要你丟顆雞蛋，無論是德國老伯或年輕的阿姨，大家可是會馬上報警處理的，而且真的是「馬上」喔！就像我們鄰居，去年被調皮的青少年（當然知道是附近哪幾個孩子）丟了幾顆蛋，當下馬上報了警。而我們家，很幸運的，只被丟了一顆（沒辦法，當時舊門鈴很小聲，人在樓上的房間完全聽不到）。不過隔天一大早，就見到滿臉仍驚恐的鄰居太太跑來問我們，有沒有也去報警呢？

開完這場別開生面的家長會回家後，我和安爸二人坐在餐桌旁。突然，見到桌上地方報紙的頭條寫著：「萬聖節派對，準備好了嗎？」我拿來瞄了一眼，其中盡是化妝舞會和派對的時間和地點。我遞給了安爸，他只有苦笑和搖頭。

⊙安媽咪・安靜想⊙

至於，我們最後到底是否安排了這場遊行？答案是有的。我們仍貼出一張活動通知，有位德國媽媽自願主持這項活動。而這位媽媽也在遊行後，打算帶她的孩子們參加朋友的萬聖派對，熱情的她邀請了安娜一塊兒參加（她女兒常跟安娜玩在一起）。結果這晚，安娜打扮成花仙子，一起和小朋友們玩得不亦樂乎，瘋到了九點半，才抱著滿滿的一袋糖果回到家。而上床時，她口中仍一直唸著：「媽媽，好好玩喔！」而且還很高興地偷偷對我說：「媽媽，我告訴妳呦，我不怕魔鬼了呦！」

就在萬聖節過後的隔天早晨，看到報紙大幅報導著：「教會對抗南瓜頭」。其中提到了德國教會人士，強烈反對萬聖節這項文化。因萬聖節的隔天正好為萬靈節，而這二天，也正是西元一五一七年新舊教分家的日子。因此有部分教會人士非常不以為然的表示，十一月一日的萬靈節，現今已越來越不被重視了，而萬聖節，這個鬼魂出沒的節日，反倒持續爆紅。

各國都有自己的文化信仰，是我們必須包容看待的。讀了這篇文章後，我和安爸才突然發覺，是否自己太粗心，事前怎沒注意到這個問題？況且，我們的幼稚園還是教會學校！馬上，我們向校方澄清了此事，但經園長解釋後才了解，原來反對萬聖節活動的那位家長，並非因為宗教，她單單只不認同丟雞蛋的這種行為。而另一位老師則是很可愛，她特別指了指教室裡的那顆南瓜巫婆說：「如果大家要完全拒絕這項風俗，那這顆南瓜頭也不應出現在這裡囉！」

安娜和小朋友挨家挨戶要糖果，之後還參加了小小的萬聖節派對。回到家門時已經九點半了，這還是她頭一次的「夜生活」呢！

大野狼

相信嗎？德國媽媽也會害怕大野狼！

記得那天天氣不錯。我牽著尼克，一起陪安娜散步到音樂教室。

蘿拉媽早已站在教室門口。一向笑容滿面的她，今天卻板著臉，與其他媽咪們圍繞成小圈圈，不知在談論什麼嚴肅的話題。我從旁邊經過時，見到凱思婷和媽咪二人推著腳踏車走過來。凱思婷媽對我做了一個「發生了什麼事？」的表情，我聳聳肩，說我們才剛來。發生了什麼事？怎麼大家怪怪的？沒等我們問起，蘿拉媽不知不覺已挪到我和凱思婷媽身旁。看著她比手畫腳地敘述這件大事，我和凱思婷媽都聽得一愣一愣的。

「喔？大野狼？！原來是大野狼惹的禍呀！」我心裡除了覺得有點好笑外，便是感到太不可思議了。原來，在德國也有害怕大野狼的媽咪啊！像安娜這種三、五歲的小朋友們，已經開始會對許多故事中的壞角色感到害怕，或覺得很神祕、不可預測。像是巫婆啦、魔鬼啦、噴火龍啦、海盜等等，當然，也少不了鼎鼎有名的「大野狼」。以前安娜三歲半時，的確也曾害怕隨時會有大野狼出現，甚至不敢一人睡在房裡。不過當時她怕歸怕，白天還會一直要求我唸〈七隻小羊〉和〈小紅帽〉的故事。但每當我講到大野狼出現的情節時，她就會「啊～～～！」地發出嚇人的高音尖叫，然後把頭鑽進沙發的抱枕裡，和弟弟嘻鬧著。

在前幾堂的音樂課中，我知道音樂老師正在介紹〈彼得與狼〉

史古飛，這隻隔壁的小白狗，扮演著保護安娜的重要角色。每當安娜睡前又開始害怕大野狼會進到她房間，我便提醒她，史古飛會在旁邊看守著，牠比大野狼還要厲害喔！

音樂學校於母親節在市政廳的表演。當天一到現場，見到許多家長們已架好了攝影機，大家都以為會唱上好一段時間。沒想到這些小小孩們才一上台，唱了不到二分鐘便下台了！ 才唱不到二分鐘，卻上報了，而且還是大頭照呢！

（Peter und der Wolf）的故事。這是一齣德國孩子耳熟能詳的童話樂劇，也是德國兒童劇團最受歡迎的表演劇目之一。彼得與狼的內容其實跟小紅帽很類似，大野狼都是壞人物的代表。不過彼得與狼的結局中，大野狼的下場比較好一點，因為最後牠得到了彼得的寬容，免於一死地被送進了動物園。

不過聽蘿拉媽說，老師為了讓孩子們了解一下其中的劇情，便放了約五分鐘的樂劇影片給小朋友觀賞。沒想到，就是這短短的五分鐘，變成孩子口中「音樂課我們在看電視」的說詞。接連下來，許多家長開始反應，音樂課怎讓孩子看電視呢？難道繳了錢，就是讓孩子來看電視？（在德國，有不少父母不允許孩子看電視，因此部分家長會有這種反應是能理解的。）而「看電視」這件事，在校方、老師和幾位家長詳細溝通後，確認只是一場誤會。但其中二位媽媽，卻把不滿的矛頭轉向了「大野狼」。

「大野狼？」我和凱思婷媽媽聽了感到莫名其妙，還不約而同互看了一眼。原來，這二位反對老師教這齣樂劇的媽媽們表示，她們的孩子說會害怕大野狼。是的，因為擔心自己的孩子受到驚嚇，她們向校長提出了嚴正的抗議，要求老師不應該講授這個故事。

隔兩天，帶著孩子們去圖書館時，我很無聊但卻是有心地問了圖書館員：

「請問，您們德國人會常說小紅帽的故事嗎？」

「當然囉，有哪個孩子不知道這個故事！」

二位年約五六十歲的德國太太奇怪地看著我，我於是將音樂學校的事稍微說了個大概。沒想到大家聽了，竟然在安靜的圖書館裡哈哈大笑。有位阿嬤級的館員甚至直話直說：「如果沒有大野狼，孩子的世界就太無聊了！」另一位正在借書的媽媽也接了一句：「那我看，這裡的童書可能會少一半吧！」

⊙安媽咪・安靜想⊙

在圖書館裡說「童書會少一半」的那位媽媽是有點誇張。不過，童話和故事，都是給予孩子們自由想像的空間。雖然我也不得不承認，有些童話故事的內容確實是滿殘忍的（就如小紅帽的結局，獵人將大野狼肚子剖開的那段，至今連四歲半的安娜仍無法認同，因為她覺得這是醫生才能做的行為），也不切實際，或者許多故事情節也不太符合這年代。不過，故事就是故事，其中出現的好人壞人，都是孩子們學習分辨人事的借鏡。而父母如何引導孩子認識這些角色，或是解答小朋友內心的疑慮，才是家長應著眼的重點吧！

有一隻小白兔在森林裡散步，突然遇到了大野狼，後來他的花朋友和小貓咪來救牠，結果，牠們都被大野狼吃掉了！（安媽咪補充：每次聽安娜講故事都很緊張，因為她的結局永遠都不是我所預期的。）

童年的學習

孩子們整天只顧玩耍，不會太浪費時間了嗎？

某天，我和一位也是住在德國的台灣媽媽喬絲聊天，談到了德國和台灣的幼稚園，在許多方面似乎有天壤之別。不是指哪邊好哪邊差，而是二國教育的模式和環境，可用二極化來形容。怎麼說呢？先從我們的台灣經驗說起吧。

我還記得去年帶孩子們回台灣時，安娜三歲半，已有上學的經驗，於是我讓她在附近的學校每天至少去玩個半天。我其實沒什麼目的，就想讓她學學中文，增加與同齡的台灣孩子交談的機會。

幸運的是，安娜在台北就讀的幼稚園，作息並不是一板一眼的傳統教學，園區的學生人數不算多，老師也能充份照顧到每個孩子。剛開始安娜哭了二、三天，但接下來的二個多禮拜，便開始喜歡去學校了。只是，在德國向來只上半天的她，似乎不適應整天的作息。而自從安娜開始上整天班後，我自己也覺得，怎麼與她相處的時間變得好少！最後，我尊重了安娜的意見，也算滿足了自己的心願，等安娜在學校用完午餐後便接她回家。

就在我接送安娜的某個中午，認識了一位小女孩的媽媽。當她知道安娜只上半天時，馬上問我是不是下午參加某某老師開的自然教室，還是另外去哪裡補習英文了？

尼克在院子裡把椅子擺成躺椅，就這樣坐著發呆和爬進爬出的，自己玩得不亦樂乎。

「喔，沒有，安娜就……回家跟弟弟玩。」

「是去哪裡玩嗎？」

「呃，在家囉。」

「家裡？」

「有時……會去公園或……逛逛街吧。」

「沒參加什麼班嗎？」

這位熱心的媽媽，馬上跟我介紹了附近的幾個老師，有教音樂、自然、數理和繪畫。她還跟我說，她女兒每週二上音樂課，週四數學課加美術教室，而週日，再去上四個小時的英文班……聽著她慢慢細數，我是越來越吃驚，猜想她大概是唯一這麼安排孩子活動的媽媽吧？沒想到，後來認識了其他媽咪，發現小朋友參加幼稚園以外的才藝班，似乎是很普遍的狀況。

喬絲今年也帶孩子們回了台灣一趟，聽她說，那所學校的課程排得很滿，因此也跟我有同樣的感受，孩子連玩的時間都沒有了。也的確，比起台灣大部分的幼稚園，德國的學校好像「只是玩扮家家酒」而已。因為一般學校並不像台灣提供豐富的教學課程，頂多只有以週或月為主的專題活動。

是的，你沒看錯。德國的幼稚園是不教ABC的，也沒讓小朋友寫習寫字，更別說雙語教學了（雙語學校在德國少之又少）。至

我最喜歡和媽媽去公園玩了！我也很喜歡跟媽媽一起放風箏喔！

於學校的作息時段，據德國主計處二〇〇七年統計，全德國有超過四分之三的幼稚園學生（三至六歲，不含三歲以下之托兒所部分），只上半天班。那之後呢？上了半天就回家了，難道都跑去參加才藝班啊？

基本上，下午的空檔時間，都是德國孩子們自由活動與交際的黃金時段。今天去你家，明天來我家，隔天留在家中自己玩。當然，德國各地也提供了學齡前兒童的才藝課程，例如游泳、體操、音樂、芭蕾等。但我們認識的德國小朋友們，一週頂多參加二種活動，父母往往覺得已經滿檔了。像是安娜，目前除了音樂教室（每週一堂僅45分鐘），也只參加教會為孩子辦的週五聚會（雖然我們並非教友，但她說喜歡，也就這麼跟著留下來）。

「怎麼辦？難道妳不擔心，德國幼稚園沒教什麼，不會浪費孩子的時間嗎？」

另一位媽媽小波也是從台灣回來德國後，心存著這樣的疑慮。因為她覺得，再這樣下去，自己的孩子豈不輸在起跑點？沒錯，我也曾經這麼想過，學校不教，我們是否要在家裡全部先教授？尤其當我們發現，安娜三歲多就已認得數百個國字，也體驗到她在台北上學時，第二天回來就可以用標準的英文從一數到六。而才二歲的尼克不知不覺，數字概念進展得比姊姊還要好，更加深了

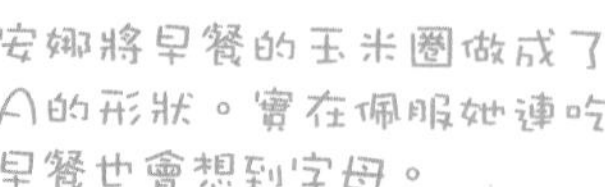
安娜將早餐的玉米圈做成了A的形狀。實在佩服她連吃早餐也會想到字母。

我們提早教學的想法。

因此去年從台灣回來時，我抱回了一堆書和CD，主要也希望讓孩子們將來能跟上台灣小朋友的進度。只是，當我開始要求安娜專心學習書寫注音和數字時，卻突然改變了心意，決定再給她一點時間吧！畢竟，三歲的童年只有一次，四歲的童年也只有一次。但請別誤會，我們並不想說什麼讓孩子有個無憂無慮的童年。只是我們認為，小朋友有比字母、數字更重要的東西需要此時學習，那就是：生活行為、人際相處，以及將影響一輩子的：擁有充份的時間認識自己！

學習總是要花時間的。小朋友學一二三，認識ABC，你得給他時間。孩子學習穿衣、刷牙，也是需要時間反覆又反覆地再次練習。同樣的，他們在學習與人相處，學習了解自我的過程中，也需要相當、足夠的時間。只可惜，這方面時間的需求，卻時常被我們大人所忽略了。如果孩子所有的時間都被才藝班佔滿，沒有足夠的時間單獨與玩伴相處，他將不會真正了解自己的行為；如果孩子的時間，全都被大人安排得好好的，理所當然，他沒有任何獨處機會，又怎能好好了解自己？

因此，當喬絲媽媽跟我談到了和小波媽媽有同樣的疑慮時，我便毫不猶豫地告訴她，玩耍或獨處，也都是一種學習。只是這些表

⊙安媽咪．安靜想⊙

在我們發現安娜三歲突然會認中文字開始，的確，對她寄予了不少的期望。尤其這一年多來，看著安娜和尼克的學習與成長，發現孩子就像一塊大海綿。你有教，他就會，你給他多少，他就吸收多少。一時，我們以為，只要孩子「可以」學習，我們就該讓他學。我們也曾認為，凡事越早學習，效果應該越好。雖然在內心深處，總存著那麼一絲的疑慮。因為，見到孩子活蹦亂跳的身影，我們覺得，孩子需要的是自由。看著孩子們玩扮家家酒，我們覺得，他需要的是與玩伴更多的相處時間。而望著孩子一個人專注精神圖畫著，我們知道，孩子也需要獨處的時刻。也因此我們發現，小小孩的教育，並沒有早不早或多不多的問題。所有知識的傳授給予，只是親子互動的一種媒介。我們也終於認清教養的本質，其實就是給予孩子時間和空間，引導他一步步認識自己！

面上或無法短期看出成果的學習，總是被我們忽略了，或說，被我們認為更重要的功課所取代了！

童年，究竟該學習些什麼？始終是個見仁見智的問題。因為每位家長的成長經驗與思考理念都不同。只是在面對孩子時，不妨以同理心感受一下孩子的想法。當父母自己會覺得累，孩子當然也會累，父母覺得需要自由，小朋友也需要自己的空間。

我也曾仔細想過，如果我們回到了台灣，難道我完全不送孩子參加才藝班？不，我也是會的。就像德國父母送孩子去上音樂課或教會活動一樣。如果安娜喜歡，也會讓她跟著上英文，如果尼克願意，我也送他去參加自然科學營，但前提是，孩子願意。

畢竟，每個社會環境都有既定的生活與教育模式。雖然週遭這個大環境改變不了，但我們的觀念和想法卻可以自我掌控。只要內心清楚自己對孩子的態度，並適時調整自己緊抓孩子的力道，無論身處德國、西班牙或台灣，其實已經不是那麼重要了！

已迫不及待想當小一生的安娜，總喜歡到小學廣場上跳跳格子。

安媽咪
情報站

上小學的年紀

德國孩子入學之平均年齡約為六歲半，但不見得滿六歲的孩子就一定上小學。除了依各邦不同的入學年齡標準，父母也可讓孩子提早入學（需經學校評估後同意）。為了不讓孩子輸在起跑點，有越來越多的德國家長希望提早送孩子入學，但也有不少德國父母會刻意等孩子至少滿六歲再上小一，因為他們希望讓孩子們多擁有一年時間，在自由的環境下成長。

符合入學年齡的小朋友們，亦稱Schulkind，在幼稚園的最後一年，會被要求開始參與小學舉辦的多項活動。未符合入學年紀的孩子們，約滿五歲半，便可成為所謂的Kann-Kind（黑森邦之規則，各邦規定不同）。此時，若家長主動要求提早入學，這些Kann-Kind的孩子們也必須一同參與為Schulkind規畫的活動。而在活動中，小學老師配合心理醫師等專業人士，觀察這些未達學齡標準兒童之成熟度及表現，再決定他們是否可提早入學。

入學的德國孩子，開學典禮當天，都會抱著大大的「入學圓錐筒」（Schultüte）到學校去。圓筒裡裝滿了孩子喜歡的餅乾糖果、玩具或文具，算是父母送給孩子的入學禮物。然而最讓小一新生感到驕傲的，還是那只又硬又大的書包了！這種書包看起來雖然塊頭超大，實際上卻挺輕的。

安娜和今年即將上小學的維多莉亞。撰寫此文時才突然發現，安娜於今秋竟然也是Kann-Kind了！目前仍未決定是否明年就讓她上小學，但也會像學校其他家長的作法，以Kann-Kind的身份讓她參加小一預備生的活動。因為即使學校允許她入學，做父母的我們仍有權利讓Kann-Kind的她晚一年再上學。

面對過敏，
讓我們
一起成長

沒有親過的小臉蛋

我從未想過，親親自己女兒的臉，竟會是種奢求！

我還記得，尼克出生時，助產士將他接出來的第一句話竟然是：「真可愛，還有雙下巴呢！」

真的，尼克一出生，他的小臉蛋，不，可以說整張臉是圓滾滾的。自從我抱起尼克，讓我最享受的，便是用力捏捏他胖嘟嘟的臉頰，然後左親右親右親左親，因為這是以往我們對小安娜無法做到的事。

誰都喜歡小寶寶柔嫩的臉頰。有時在路上見到某個寶寶，有著紅咚咚的臉蛋，就覺得特別惹人愛。可不是嗎？卡通裡的小天使和小丸子，雙頰上也帶著可愛的小紅點。嬰兒時期的安娜，也時常被人誇讚「紅紅的臉蛋真可愛」，我和安爸聽了，卻只能苦笑在心裡。

安娜自出生後第三個月起，即患有嚴重的異位性皮膚炎。她主要的發作部位，除了左肩偶有反應外，就只出現在她的雙頰上。剛開始我們不以為意，以為按醫生的指示，狀況即可好轉。但在經過小兒科與皮膚科醫師多次的過敏原測試，甚至還服用了抗生素類的藥物、藥膏等，直到二歲前，這二團紅紅的傷口依舊存在。嚴重時，還延展至耳朵及下巴等部位。

時常，當雙頰就快復原時，不知為何，傷口卻又突然惡化。望著

三歲半時的安娜，臉頰
是極完美地白裡透紅。

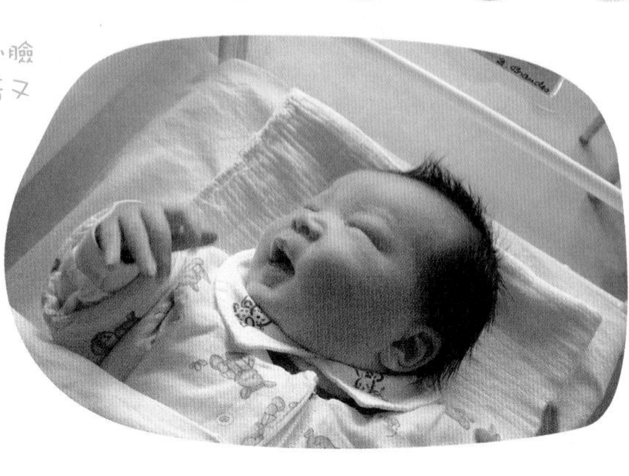

弟弟出生時又肥又圓的小臉蛋，總是讓我和安爸搶著又捏又親的。

像天使般沉睡的安娜，卻連一吻都無法印在她臉上，我們內心感到難過又沮喪。至今我仍清楚記得，在安娜一歲多剛學會走路時的某個夜晚，她悶不吭聲地從房間搖搖擺擺地走到了客廳。當時正專心觀賞某部偵探片的我，突然見到一位滿臉血跡的孩子出現在我面前，竟然驚聲尖叫了起來！因為，一時根本認不出那正是我們的寶貝安娜。

有時因為皮膚癢，安娜會去抓；有時傷口結疤之際癢，她也會去抓。當然，戴手套等防範措施我們全都做了。不過，除了陪在她身旁，隨時注意傷口的狀況外，沒有其他方法可以防止她不再血流滿面。

當別人的父母抱著寶貝，親暱又享受地靠著彼此的臉頰時，我們頂多只能撫摸安娜的頭髮，親吻她的額頭，因為擔心任意觸摸傷口容易造成細菌感染。我們也無法像別的父母一樣，隨時捏捏寶貝的小臉蛋。頂多，我和安爸只能俏皮地點點她的小鼻子。

有好一陣子，我們並不是擔心安娜的臉頰上將來是否有疤痕，而是憂慮著，這二團傷口，到底有沒有消失的一天。我們到處求醫，四處詢問，後來我們也知道，沒有醫生可以跟我們保證，何時還給我們安娜細緻滑嫩的臉蛋。

就在安娜二歲多時，我們去了一趟西班牙的加納利群島。或許氣候及環境的影響，也可能是某種無法解釋的巧合，在島上停留的第四、五天開始，安娜的臉頰奇蹟似的逐漸恢復。後來到了二歲半，她的雙頰已圓潤柔滑，完全看不出曾經有過任何傷口。有時見到她白晰的臉蛋上還透著粉紅，我才終於相信，以前在白雪公主故事中聽到的那些形容詞，是一點也不假！

二歲三個月的安娜第一次去西班牙的加納利群島。當時或許氣候的關係，就在我們停留的第四天開始，她的過敏症狀馬上有了好轉。

媽媽，這是妳喔，妳是公主媽媽，我有幫妳穿上裙子喔！（安媽咪補充：自從四、五個月前安娜有了自己的書桌後，每早起床，她都安靜地坐在房裡畫畫。因此每早，當她畫完時，總會過來拍拍我並輕聲地說：「媽媽起來囉，我有一張畫要送給妳呦！」那是很享受的感覺，尤其一睜開眼，就見到寶貝女兒笑咪咪的臉。這天她拿著這張畫叫醒我時，突然要求我親親她，我當然是左親右親右親左親，好想把以往沒親到的那段日子，一次補回。）

⊙安媽咪・安靜想⊙

安娜二歲時，我們的藥箱中至少已有二十多條的藥膏。私下找醫生朋友上課，也去參加小朋友異位性皮膚炎的講座。關於如何保養傷口，運用各種不同的藥膏，都是我們曾經努力「進修」的學分。只是，依我們這四年多來的經驗，似乎再怎麼好好塗抹照料，仍只是「表皮」功夫。若要根治，還是得找出孩子的主要過敏原，雖然這不容易。身為異位性皮膚炎孩子的父母，或許會感到萬分無奈，但若轉個念，試著延伸出一份樂觀，自己的心情也就能放鬆許多！

如今，捧著她的小臉蛋，親到她滿臉都是口水，是我們和安娜三人最快樂又最享受的時刻！只不過，隨著年齡的成長，尤其現在四歲半的她，雖然仍喜歡跟我和安爸撒撒嬌，但在我不經意地摸摸她的雙頰時，她卻覺得這是對小寶寶才做的舉動，而感到不好意思地對我說：「媽媽，我不是小寶寶了耶……」

或許少吻了那二年吧，對於她可愛的臉蛋，我們是特別地寶貝。今年的嘉年華，她要求裝扮成印地安人，我們首次允許她像其他德國孩子那樣，在臉上塗了點顏色。不過，之前也先在她身體其他部位測試了好幾天，發現完全無任何異狀，才敢將顏料塗畫在臉頰上，不過也只是極保守的畫個幾條線而已。

今天早上起床時，我抱著尼克親了又親。咬咬他又香又肥的胖腳丫後，揉揉他依然圓到不行的小臉，然後再左親右親右親左親。似乎，這失去的二年，老天讓我們至少從尼克身上，補償到以往沒有過的甜蜜！

四歲多的安娜，首次在臉上塗畫顏色時，我和安爸仍是緊張萬分。

何謂異位性皮膚炎？

異位性皮膚炎屬於過敏性疾病。它是一種發炎的、復發性的慢性皮膚病，亦稱異位性濕疹。一般患者的皮膚較為乾燥、敏感、易有搔癢感。皮膚依狀況時而完好、時而發作。

異位性皮膚炎所帶來的嚴重搔癢感，時常影響到患者及家人的生活品質。不會言語的嬰幼兒以哭鬧表達，兒童和青少年則因長期之癢感，睡眠品質下降，情緒上較容易焦慮。而這些因素又會讓小患者壓力增加，使異位性皮膚炎繼續惡化。

約有六成左右的異位性皮膚炎患者，在一歲前初次發病。嬰幼兒最常見的發作部位，大多出現於臉、頭和四肢內側。四、五歲以上的兒童，多半發作於手肘凹窩、膝蓋窩及頸部等皮膚皺折處，嚴重時甚至遍及全身，並通常呈對稱分布。

因此當寶寶有不正常的哭鬧，並常有搔抓皮膚的動作，就需要注意了。如果發現孩子皮膚乾燥並有紅疹或脫屑的疹子，或者臉上、手腕、手肘或膝蓋的皺折處出現癢感或疹子，而且這些部位的皮膚都變厚了，可能就是異位性皮膚炎的表徵。

註：以上資訊僅供參考，不做為個人診斷之依據。對於任何異位性皮膚炎之狀況，仍應尋求專科醫師診治。

安娜快滿二歲時，身體也開始出現皮疹。仔細觀察，的確是呈對稱分布。只是在塗抹當時皮膚科和小兒科醫師給的各式藥膏後，仍時好時壞，讓我們傷透了腦筋。

嬰兒時期的安娜，發作部位多半在臉頰、下巴及耳朵等部位。由於是第一胎，也無從比較是否常因癢感而哭鬧。但比起弟弟，安娜在嬰兒時期的確較常哭叫，而且幾乎是無法睡上一整夜。

安媽咪情報站

異位性皮膚炎的照顧

異位性皮膚炎患者總是有「很多醫生都看不好」的無奈經驗。其實異位性皮膚炎不只是看個醫生、塗抹藥膏就能夠復原。它的治療須多方面著手，才會有良好的療效。

過敏原：每個人的過敏原不同，藉由抽血或貼片檢測可得知自己的過敏原。若患者對灰塵和塵蹣過敏，在居家環境上應避免鋪置地毯、減少填充玩具、並盡量清掃家中灰塵雜物。飲食方面，不見得其他孩子過敏的食物，就代表自己的小孩也會過敏。透過平日的經驗或經由檢查得知過敏的食物後，再加以控制或避免，才最準確有效。

氣候影響：異位性皮膚炎患者對於天候的變化會有極為明顯的反應。例如在德國四季分明的氣候環境，許多異位性皮膚炎小朋友在夏天幾乎不會發作，但一入秋冬，癢感和皮疹便紛紛出現。但也有部分孩子在冬天沒什麼反應，春夏卻是他們主要的過敏季節。無論孩子在哪個季節發作，家長都需特別留意皮膚的濕度。

情緒與壓力：情緒往往影響到患者本身的抓搔行為，壓力則會使病情惡化。除了家長必須學習面這些狀況，也必須教導孩子認識自己的病情。然而，這方面時常被父母所忽略，但它卻是整個家庭生活品質的關鍵所在。

異位性皮膚炎是需要患者、家人與醫師的充分配合，才會有良好的療效。最忌就是在孩子的皮膚上，擅自塗抹未經看診醫生允許的藥膏。唯有尋求正確的醫療並妥善照顧，異位兒們才不會被病情所擾，也才能盡情享受快樂的童年。

註：以上資訊僅供參考，不能做為個人診斷之依據。對於任何異位性皮膚炎之狀況，仍應尋求專科醫師診治。

在二歲的食療結束後，我們從最基本的麵粉開始測試。但當時似乎不太喜歡麵食的安娜，無論壓成花型還是動物造型，她都不太願意吃哩（因為除了鹽巴和油，任何佐料都不能添加）。

過敏原何處尋？

就憑著鄰居間的一場緣份，我們找出了安娜的過敏原。

昨天接到蒂安娜的來電，原來是收到了我們一個月前從西班牙寄出的明信片。

蒂安娜是以前舊家的鄰居，雖然我們已搬離了一年半多，但至今彼此仍常有往來。今年我們去西班牙度假前，還參加了她兒子尤納斯的三歲生日派對。雖然尤納斯和尼克相差不到四個月，不過卻和安娜比較有緣。因為當初，我們就是為了這兩個孩子的過敏問題，才慢慢熟識起來。

與安娜相差一歲半的尤納斯，在安娜二歲前的那次過敏大發作時，也才五、六個月大。當時，他的過敏症狀並非顯現在臉頰上，而是在身體的其他部位。由於彼此都是頭一胎，他們搞不清楚安娜臉頰上的傷口怎麼來的，而我們也沒察覺，原來尤納斯紅紅的嘴角，正是過敏的反應。每天早上或下午，當我在樓梯間遇到蒂安娜時，只禮貌性地打個招呼。再多，我們也只談個天氣，或是簡單地問候。

而當我們那棟樓開始進行外牆的整修工程，安娜突然出現了非常嚴重的過敏。不像以往只在臉上出現傷口，她的整張臉一直到腳，全都發作了。一開始，我們並沒意識到安娜身體的反應與外牆維修相關，以為只是灰塵較多，或者因為花粉、洗衣粉所導致的結果。一如以往，我們找了小兒科醫師，可是跑了幾次，不但

無任何改善，症狀一天天更加嚴重。

或許巧合，也可以說機緣。當時這位鄰居小男孩尤納斯剛好對某種花粉有強烈的過敏，因此他臉上也出現了紅腫的現象。某次在樓梯間又遇到抱著尤納斯上樓的蒂安娜時，我忍不住問她是怎麼一回事。也經由那次的談話，我們才發現，原來孩子們都患有嚴重的異位性皮膚炎！立刻，蒂安娜告訴我，他們找到了一家醫院可以進行較精確的過敏原測試。托他們的福，在我們認識阿恩斯醫師後，終於找出導致安娜過敏的真正元兇：鎳、鈷、重鉻酸鉀。

這？這些是什麼啊？當安娜的背部還黏著過敏原測試的貼片時，醫生給了我們一張進行測試的過敏原名單。不過細讀了半天，除了一些蔬果花粉等常見的過敏原外，便是一連串我完全看不懂的名詞。於是，我抬頭看看安爸，但他除了知道是重金屬外，也無任何的概念和頭緒。直到醫生正式告知我們測試結果，確認安娜對鎳、鈷、重鉻酸鉀皆過敏時，我們的心整個都涼了！聽著阿恩斯醫生慢慢解釋，哪種食物或物品含有這些過敏原，以及我們該有的應對方法時，我心裡只想著：「安娜，妳該怎麼生活下去？」

回到家，我和安爸拿著過敏原的那幾張解說，又上網找了相關資

我好難過喔，因為媽媽不給我糖果吃。（安媽咪補充：若安娜的傷口越來越嚴重，我們只好又開始請她控制零食，並限制某些蔬果。因此有時安娜會將心情反應在畫作上。）

訊。只是，依阿恩斯醫師當時的講法，在德國僅有二家醫院針對幼兒進行此種測試及研究。因此即便是無敵的網路，關於幼兒與重金屬過敏原之訊息，也是少之又少。倒是在台灣的醫學網站中，常見到含有鎳鈷鉻的食物表。後來查看許多文章才得知，原來有不少成人對這些重金屬過敏。

然而這幾種過敏原，除了分布於食物中，也隱藏在我們週遭環境裡。小如扣子、拉鏈、湯匙、門把等，大至皮沙發或公園的溜滑梯，當然也包括了我們所使用的鍋碗，只要是真皮或金屬的東西，都含有這幾樣重金屬。也因此，我們也無法確定，倒是安娜是吃了紅蘿蔔才有了過敏？還是昨天去家居用品店接觸到粉塵而引起的反應？

接下來與阿恩斯醫生合作時，安娜進行了數個月的飲食控制，我們也參加了針對家長開設的異位性皮膚炎系列講座。或許是年齡到了，也剛好正值初夏，安娜二歲半時，她的過敏症狀不但完全消失，臉上那二團跟著她足足二年的傷口，也突然消失無蹤！

只是今年二月開始，四歲多的安娜又再次起了全身性的過敏反應。原本以為大概不小心吃錯了什麼食物，但後來觀察環境才發現，原來隔棟有戶人家，正在做外牆的維修工作。正好此時，我們計畫著去上次度假的西班牙小島，因此抱著希望，但願返德後

⊙安媽咪・安靜想⊙

尋找出孩子的過敏原的確是不容易。以前還未查出安娜對這些重金屬過敏時，醫師也納悶，為何她左肩上老是有著一處醫不好的小傷口。直到檢查結果出來後才真相大白，原來是當時寶寶內衣左肩上的鐵扣（含鎳）所惹的禍！我們常想，若非當時跟蒂安娜住在同一棟樓裡，或許現在仍搞不清一切狀況。因此心裡始終很感恩，老天能賜予我們這份特別的友誼。

維修工程早已結束，而安娜狀況也會好轉。卻沒想到，當我們興致勃勃回到了家，竟然見到隔壁的新鄰居在花園進行游泳池的施工！於是，石灰、水泥，以及許多含有重鉻酸鉀的建築材料，都堆積在隔壁花園中。因此最近這幾個禮拜，安娜又恢復到二年前大發作的狀況。全身上下起了無數的癢疹，夜裡也經常癢到無法入睡。目前雖然臉頰上的傷口不再出現，但眼角卻有個紅腫且化膿的部位。

昨天和蒂安娜聊天時，她也提到，原本以為不再過敏的尤納斯，最近對某種花粉又開始有強烈的反應了。因此這整整二週，他們也一樣徹夜難眠。細心的她提醒我，安娜會不會對某種食物或某花粉開始過敏了？我和安爸想了想，覺得一切都有可能。食物方面，我們可以馬上進行控制，但環境呢？花粉到處飛，而若想避開隔壁的施工粉塵，我們也無法說搬家就能馬上搬離吧！

目前我們所能做的，也只有使用醫師開的藥物，以耐心和平靜的照顧方式，陪伴安娜度過這段時期。最多，就是儘量注意環境、衣物與食物的控制狀態。要說還有什麼特效藥？我想，就是我們父母開朗樂觀的心吧！

許我一球冰淇淋

看著安娜
幸福地舔著冰淇淋，
我似乎
不再奢求什麼了。

「媽媽，拜託嘛！」

「唉……昨天我們才吃過啊！」

「可是，我還想要再吃嘛！」

「……」望著安娜可愛又急切的小臉蛋，我不知覺地將手伸進了口袋，摸摸看有沒有零錢。

經過學校旁的冰淇淋店，總是我最難熬的時刻。當許多德國父母堅持著不給孩子糖吃，連冰淇淋也嚴格限制時，我卻巴不得包下整家冰淇淋店，讓安娜好好享受！雖然，安娜是可以吃冰淇淋的，但就像巧克力與其他甜食一樣，份量必須有一定的限制。只是這麼個好天氣，大家人手一球冰淇淋，不用說安娜，我自己早想買一大球來好好享受了！

飲食，是養育孩子的大事之一。這幾年裡，看到許多孩子們，不是東挑西挑就是只愛吃甜食，而媽咪們為孩子的喜惡也傷透了腦筋。不過這方面，我的感受和經驗是不同的。老二尼克幾乎什麼都能吃，卻挑食挑得厲害，而老大則是什麼都愛吃，只是，能吃的卻有限。

早在安娜五、六個月大時，從喝母奶的反應已得知她無法接受某些食物。而開始餵她副食品，也是我們面對這項難關的起點。原本計畫給安娜各式各樣的食物，讓她營養均衡又吃得快樂，卻漸

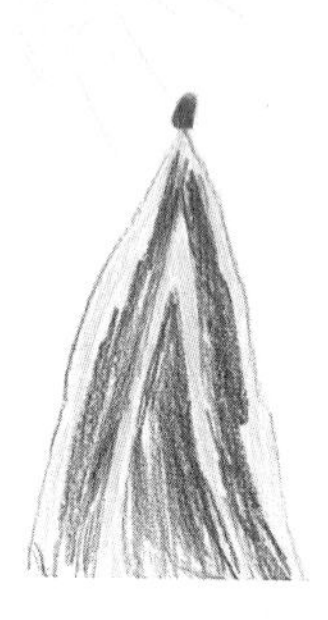

這是我開的冰淇淋店。
旁邊的那兩個三角形是
冰淇淋山呦！

漸發現她「能夠」接受的東西，也就是食用後不會有任何過敏反應的，實在是少之又少。

安娜二歲前夕的那場過敏大發作，迫使我們重新調整她的飲食。配合醫生的食療計畫，除了醫院開的過敏兒專用配方奶以及開水外，其餘食物，她必須全部暫時放棄。就這麼過了二個多月，當身體上的過敏現象漸漸消退，也恢復了所謂「正常的」飲食規律，我們卻無法一次給予多種食物。因為按醫生及營養師的說法，許多食物所引起的反應，不見得馬上出現，有些過敏狀況需等上三、四天才會逐漸顯露。因此，每週我們頂多讓她多試一種食物，哪怕麵條也好、米飯也好，或最基本的青菜或肉類，都只能一樣一樣地慢慢測試。

為了配合安娜這段時期的食療，我們儘量避免在她面前享受任何餐點。剛開始好一段時間，我和安爸是輪流偷偷把自己關在廚房裡，迅速解決三餐。偶爾出門，發現後座的孩子睡著了，便立刻開去速食店的點餐車道。別提什麼營養均衡或是美味可口，能夠適時料理好我們大人的三餐，就已謝天謝地。更何況，當時尼克僅四、五個月大，該忙該做的家務，全都跑不掉。因此那陣子累積下來的壓力，讓我每每走進廚房時，胃總不由自主地開始劇痛（不是抽痛）。

至於安娜，從小經歷過這麼多狀況的她，在飲食上向來挺認份。由於食療前，安娜除了三餐和以水果為主的點心外，很少吃餅乾或其他甜食（唯一可接受的只有甘貝熊軟糖）。因此在食療期間，她可以很快進入狀況。當然，在此非常時期，我們也是全力配合，不會白目地在她面前大口地舔著冰淇淋，或呼嚕呼嚕地享受榨菜肉絲麵。不過隨著時間，早餐桌上偶爾出現媽咪我一個人的麵包和咖啡，安娜也漸漸不以為意。

安娜二歲半時，也就是食療結束後的幾個月，她整個過敏症狀有了大幅度的改善。飲食上，不但能適應多種基本食物，也終於可

安娜小嬰兒時期的下午點心，一整碗的水果。

什麼零食都不能吃時，只能啃一點無佐料的爆米香。

以接受某些蔬果。只是像海鮮、榛果類、某些番茄製品或烹飪時的調味佐料等，至今仍會造成嚴重的過敏反應。而體能方面，因癢疹的消退，讓她不再東抓西抓，晚間終於有幾夜可以一覺到天亮（之前是完全不可能的）。整體而言，因為初夏的好天氣，以及她多樣化的飲食攝取，作息也漸趨正常，所以整個人顯得比以往更有精神、更有活力！

只是，可別小看這幾樣她必須避免的食物或佐料，其實都是些平日會接觸到的東西。學校每週供應一次的小魚排就不用說，光是午餐義大利麵配上的番茄肉醬，她就不見得吃了沒事。若使用調味包（德國有類似美極或康寶之類的調味料包）做出來的餐點，安娜更是碰之不得。倒是真材實料例如新鮮的番茄或磨菇等烹調出的菜餚，多半不會有任何問題。然而在蔬果的選擇上，我們仍得嚴格把關，例如購買特定產地或避免某國進口的蔬果（德國許多生鮮蔬果多半為進口產品）。因為各地的土壤環境、所使用的藥劑和種植方式，都可以讓外表一樣的蔬果，有著完全不同的成分。有時，安娜才咬了一口蘋果，就馬上知道不對勁了！

是的，安娜擁有的這種直覺反應，是很特別的。剛開始，我們為了安娜到底可以吃些什麼而煩惱不已時，阿恩斯醫師卻要我們相信女兒自己的直覺。曾經好幾次，安娜在學校裡突然吐出了某些食物，後來才知道其中含有會讓她過敏的成分，只是老師一時沒發

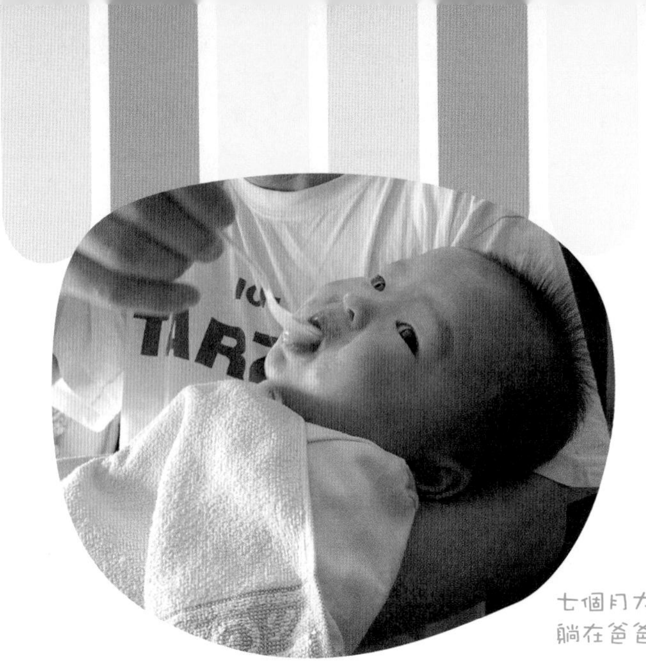

七個月大的安娜還不會坐，躺在爸爸懷裡吃著副食品。

現（但我們完全諒解，畢竟細節實在太多了）。

就在前幾個禮拜，我到蛋糕店買了一塊水果蛋糕回家給安娜。一般而言，德國蛋糕店販售的新鮮水果蛋糕，她絕對沒問題。只是那天安娜嘗了二、三口便不願再吃，為此我還有點生氣，以為她浪費食物。隔天經過蛋糕店時，我不相信地問了老板，水果蛋糕的底部是否含有榛果（這是安娜堅信的理由，但我就是吃不出來）？沒想到老板回答有！他解釋，平時製作這種蛋糕並不會添加這種材料，只是最近想換個口味，但也只加入了極少量的榛果末。我還記得當時安娜因為這幾小口蛋糕，她的眼角當天馬上又紅腫了起來，晚上甚至也開始發了膿。因此一想起在這件事上誤會了她，總讓我自責不已！

向來，在學校跟同學們一起午餐，老師總說，安娜是個最不麻煩的孩子了。因為她不挑剔，乖乖地享用自己可以吃的東西，而且多半可以全部吃光。這比起許多小朋友挑食或一口都不吃的狀況，簡直是個模範天使。在家裡，她也清楚地知道，什麼可吃、什麼不該食。只是非常喜愛甜食的她，在開始享受過許多的蛋糕甜點冰品後，似乎對此越來越著迷了。

原本以為，隨著年齡增長，安娜理應更了解並接受她本身的飲食問題，最近卻發現，她開始有「不願再受約束」的想法。或許接

觸的人事物變多，理解力也更完整，她有時會用半質問的語氣向我抱怨：為何蘿拉可以吃很多很多的巧克力而她不行？為何爸爸可以吃蝦她不准？為何小朋友都在吃肉桂小餅乾時她不能吃？此時，我若拿出以前常對她解釋的「眼鏡理論」，「就像有些人必須戴眼鏡，有些卻不需要」，似乎已完全無效。

然而，養育孩子便是如此，各式各樣的問題，隨時都可能冒出來讓父母大傷腦筋。面對安娜一個接一個的疑問，我和安爸也只能見招拆招囉！至少現在，見到她可以拿著雞腿豪邁地啃食、挖著香草布丁笑咪咪地享受、大口咬著巧克力甜甜圈，或是幸福地舔著草莓冰淇淋，我，真的沒任何奢求了！雖然我知道，小小年紀的她，身處這花花世界裡，是急著想嘗試各式各樣的美食，但這種無法由爹娘掌控的命運，我們也只能牽著她的手對她說：「安娜，讓我們一步一步慢慢來，好嗎？」

⊙安媽咪・安靜想⊙

我一直覺得，「家」的一種享受，便是全家人圍在一塊兒吃飯的那一刻。但因為女兒的過敏，讓我們足足等了三年，一家四口才終於有機會坐下來共進晚餐！不過，對許多佐料，甚至連幾粒胡椒也會過敏的安娜，讓我們在餐點的烹調上，只能維持清淡的口感。雖然不曉得，何時安娜才能無憂無慮地享受各種美食。但能達到今天的狀況，我們已萬分感恩。至少，現在一家人終於可同桌分享青菜的香脆與排骨的美味，而看著孩子們一下子把飯菜吃得精光，就更讓我們萬分滿足啦！

我最喜歡吃冰淇淋了！我喜歡在學校那裡的冰淇淋店買冰淇淋！真的好好吃呦！

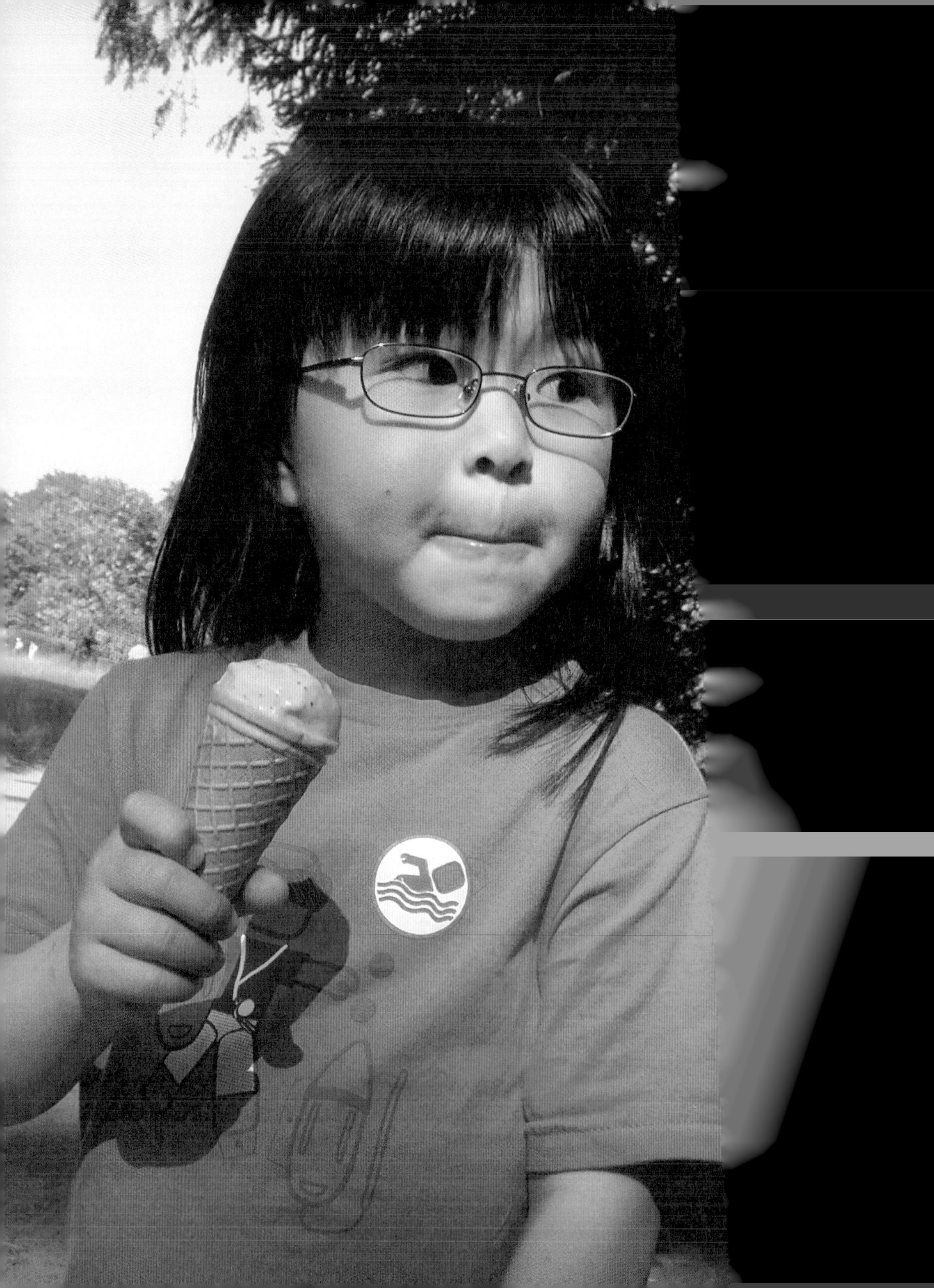

幫助孩子了解自己的症狀

在由德國醫院舉辦的系列課程〈異位性皮膚炎〉（Neurodermitis-Elternschulung，針對異位兒家長設計之課程）中，授課的專業醫師們共同提出了「如何讓孩子了解自己？」此一課題。

向來強調孩子自主性的德國人，在面對異位性皮膚炎的孩童時，除了家長必須先處理自己的情緒外，就是要教導孩子們面對自己的狀況。無論是青少年，或小學的學童，甚至幼稚園年齡的小朋友，在德國專業醫師的眼裡，都已具備足夠的能力去注意自己的皮膚狀況。例如在環境上主動避掉接觸過敏原，或是自我限制攝取會造成過敏的食物。

為了讓異位兒們不因這方面的「與眾不同」而感到自卑或產生心理壓力，醫師們也推薦不少童書，讓孩子們能藉由故事中的人物，了解到自己不是孤獨的，並學習到面對病情的態度。例如著名的瑞典兒童文學作家林格倫（Astrid Lindgren，1907-2002）所撰寫的《紅眼龍》（Der Drache mit den roten Augen），就是最常被推介的一本書。故事中的紅眼龍象徵著異位性皮膚炎，狀況時好時壞，卻也可能有消失無蹤的一天。

此外，隨著異位兒的人數增多，學校及幼稚園老師也都會盡力主動配合。但基本上，「異位性皮膚炎」對於德國孩童並不是個新鮮和陌生的名詞，因此異位兒在團體中，多半不會因此而被特意突顯。不過，與其強調讓週遭的人配合理解，德國的家長、老師或醫生，反而著眼於孩子們必須及早學習認識自己的身體狀況，培養自我負責的態度，因為這也是自我保護的一種方式。

《紅眼龍》故事中，紅眼龍只能吃特定的東西，有時牠多吃了愛吃的食物，馬上就全身發癢。每回安娜聽故事聽到這兒，不但咯咯地大笑，還會誇張地學著紅眼龍東抓西抓的樣子！

人間天使

因為安娜，
我終於相信
人間天使的存在。

我始終記得，小時候半夜發高燒，父親抱著我去診所樓下敲鐵門的那段回憶（當然，可能也是因為挨上好痛的一針才會這麼記得）。不過直到自己當了媽媽，半夜帶孩子跑急診後，才完全體會父母當時焦慮又無奈的心。

安娜二歲前爆發大過敏的第一時間，我們走了好幾趟小兒科與皮膚科醫師，但情況始終未獲改善，癢疹卻愈加嚴重。許多朋友跟我們推薦了中醫、順勢療法，不少熱心的親友紛紛提供止癢偏方。安外婆還特地用快遞寄來痱子膏和過敏寶寶專用的乳液，而安娜的大姑姑後來還買了顆大寶石，祈求她身體平安健康。

面對親朋好友們的熱心，我和安爸的內心始終十分感激。只是在那第一時間，我們全部的精神和體力，都花在寶貝女兒身上。因為每晚，她都邊哭邊抓著入睡。我還記得每當她因癢疹而又哭醒時，安爸抱著她在客廳來回走動著；換我輪班，也只能邊抱邊哼著能讓她安靜下來的兒歌。好不容易熬到了早晨，我和安爸已是二隻不折不扣的大貓熊。辛苦的安爸趕去上班，而我則完全無力地坐在客廳，半闔眼地餵著尼克母奶，同時並小心翼翼怕驚動才剛又睡著的安娜。

原本想繼續按小兒科和皮膚科醫師的做法，持續塗抹原來的藥膏，但連續幾個禮拜下來，我和安爸的精神壓力已走到了邊緣，

疲累、煩燥、憤怒、氣餒，通通湧現！在某次我對著可憐的安娜大吼時，我警覺到狀況完全不對了，也因此，我們開始尋求其他的解決方法。而其中最耐人尋味的，也是對我們影響最關鍵的，便是德國的魔法醫學「順勢療法」。

德國的順勢療法，在我們眼裡有點類似中醫，只是它的許多現象是科學迄今無法解釋的。即使在德國成長的安爸，對這種醫療方式仍持保留態度，而完全沒接觸過的我就更不用說了。後來經同事介紹，我們仍決定拜訪一位據說「很靈」的順勢療法大師，只是第一眼見到這位醫師，我覺得似乎進入了「魔戒」的世界，因為那位留著大鬍子的醫師，看上去還真像甘道夫呢！

第一次接觸順勢療法，老實說，是抱著姑且一試的想法。完全沒經驗的我們，根本不清楚醫師在看些什麼。頂多，我們只知道最後醫生開的藥，很像保濟丸的袖珍小藥丸。這就像洋人頭一回去看中醫一樣，伴著同樣的新鮮和好奇。因此當這位「甘道夫」一會兒看看我們的手心，一會兒又看看我們的臉時，我忍不住偷偷用中文和安爸細語著：「這，他不是在看面相吧。」沒想到安爸卻故意嚴肅地對我說：「噓，搞不好他會說中文！」接著，醫師和我們談了安娜的活動狀態，不過大部分時間，卻圍繞在我們的生活作息以及對孩子的教養態度上。因此在這段將近四十分鐘的談話結束後，感覺像是看了心理醫師那般，原本整個糾結在一起

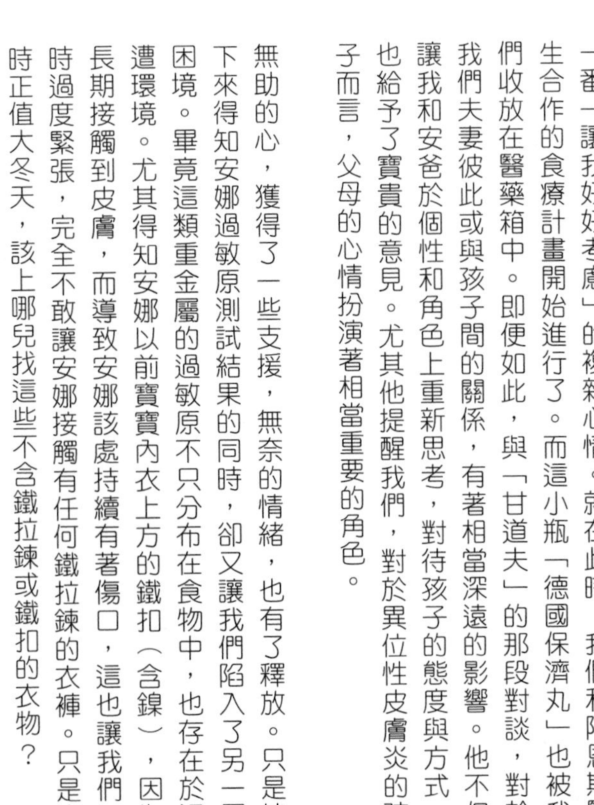

的心，頓時豁然開朗了起來。

只是手中握著這一小瓶「德國保濟丸」，我們實在不知該不該讓安娜服用。這就像將一碗中藥端到德國人面前，他也是會有這麼一番「讓我好好考慮」的複雜心情。就在此時，我們和阿恩斯醫生合作的食療計畫開始進行了。而這小瓶「德國保濟丸」也被我們收放在醫藥箱中。即便如此，與「甘道夫」的那段對談，對於我們夫妻彼此或與孩子間的關係，有著相當深遠的影響。他不但讓我和安爸於個性和角色上重新思考，對待孩子的態度與方式，也給予了寶貴的意見。尤其他提醒我們，對於異位性皮膚炎的孩子而言，父母的心情扮演著相當重要的角色。

無助的心，獲得了一些支援，無奈的情緒，也有了釋放。只是接下來得知安娜過敏原測試結果的同時，卻又讓我們陷入了另一層困境。畢竟這類重金屬的過敏原不只分布在食物中，也存在於週遭環境。尤其得知安娜以前寶寶內衣上方的鐵扣（含鎳），因為長期接觸到皮膚，而導致安娜該處持續有著傷口，這也讓我們一時過度緊張，完全不敢讓安娜接觸有任何鐵拉鍊的衣褲。只是當時正值大冬天，該上哪兒找這些不含鐵拉鍊或鐵扣的衣物？

在此節骨眼，我們突然收到一份包裹，那簡直是從天上掉下來的禮物！這是一堆由克里絲汀阿姨修改過的衣物：所有厚長褲的拉

穿著克里絲汀阿姨寄來的無拉鍊的外套
和修改過的褲子，讓安娜倍感溫暖。

⊙安媽咪・安靜想⊙

孩子，是我們人生另一階段的老師。因為從孩子身上，我們學習到許許多多曾被自己忽略，或者以為自己已經了解的事情。而「感恩」，便是安娜教我們的第一件功課。因為她，我們發現了看似冷漠的社會裡，仍有溫暖藏於其中。當我們內心徬徨無助時，身旁總是會出現一股股力量，引領我們繼續向前。非常感恩，週遭親朋好友們所帶給我們的一切，也感恩著，我們能擁有現在的這一切！

鍊，全都被可愛的鈕扣所取代！而衣物上向來流行的鐵扣，也換上了亮眼的塑膠扣！除此之外，她還特別為安娜挑選了幾件冬季的毛衣及厚外套，也全是非拉鍊的款式！我實在不知道，也是全職帶著二個小小孩的她，是如何連夜趕工，但我知道，光是修改這些衣服，所花的時間一定不少，更何況還得尋找出適合的大小以及特別的款式。

事實上，當我和克里絲汀阿姨談著安娜的種種時，從未要求或希望她能幫我這個忙。與她聊聊，只想抒發一下內心的不安與疲憊而已。尚未接到這份禮物前，每每和好友們訴說心情之際，已體會到「雪中送炭」的含意。其實，並不一定要為對方做些什麼事，能夠靜心傾聽，自己已非常感激。而在接獲了這些一針一線專為安娜細縫的衣物時，我終於相信「人間天使」的存在。原來，在安娜的身旁，有這麼多的天使們在幫助她。身為父母的我們，內心著實感恩！

謝謝大家對我的關心（安媽咪壓著安娜的大頭向大家一鞠躬）！

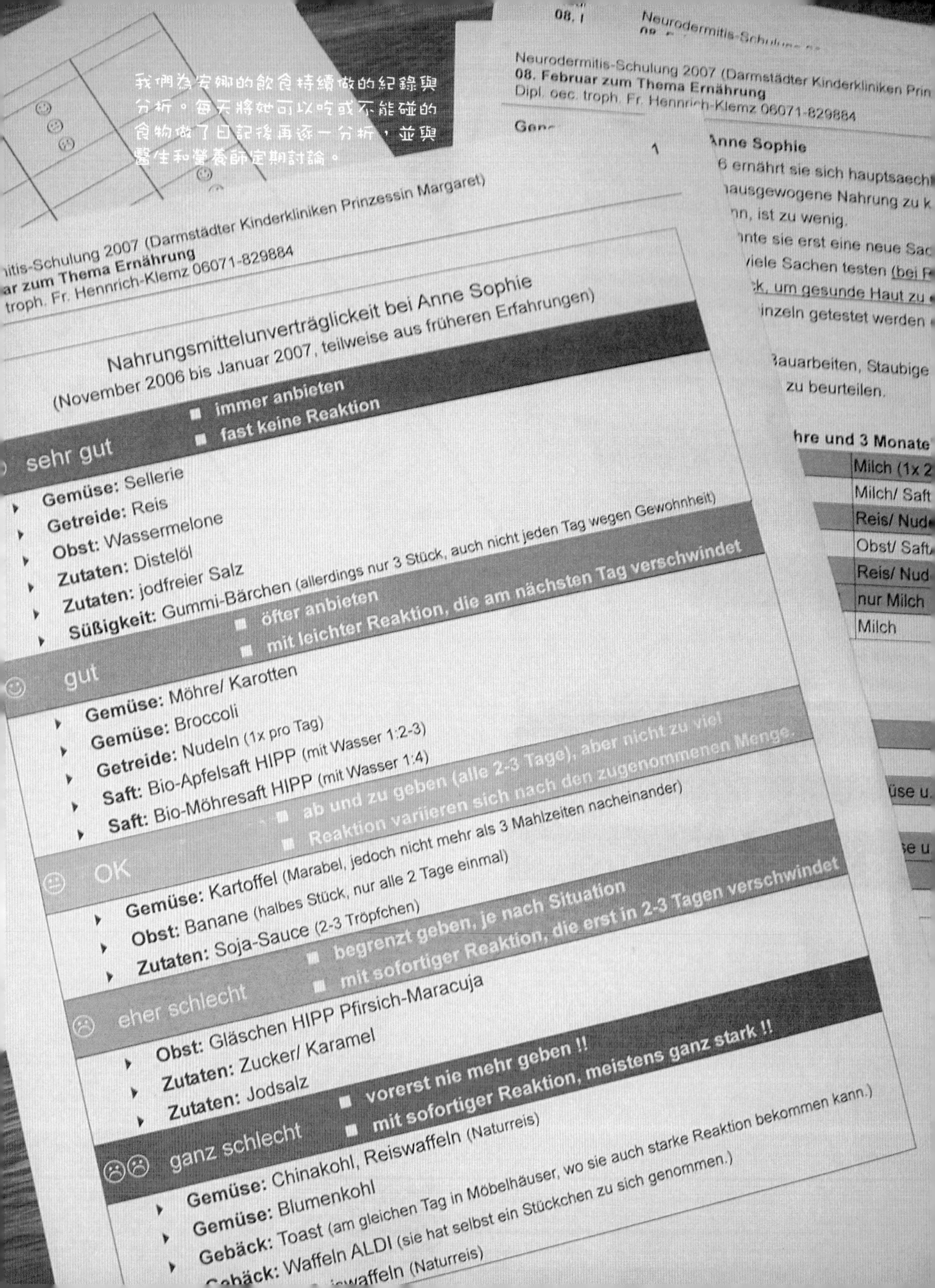

我們為安娜的飲食持續做的紀錄與分析。每天將她可以吃或不能碰的食物做了日記後再逐一分析，並與醫生和營養師定期討論。

...itis-Schulung 2007 (Darmstädter Kinderkliniken Prinzessin Margaret)
...ar zum Thema Ernährung
... troph. Fr. Hennrich-Klemz 06071-829884

Nahrungsmittelunverträglichkeit bei Anne Sophie

(November 2006 bis Januar 2007, teilweise aus früheren Erfahrungen)

sehr gut
- immer anbieten
- fast keine Reaktion

- **Gemüse:** Sellerie
- **Getreide:** Reis
- **Obst:** Wassermelone
- **Zutaten:** Distelöl
- **Zutaten:** jodfreier Salz
- **Süßigkeit:** Gummi-Bärchen (allerdings nur 3 Stück, auch nicht jeden Tag wegen Gewohnheit)

gut
- öfter anbieten
- mit leichter Reaktion, die am nächsten Tag verschwindet

- **Gemüse:** Möhre/ Karotten
- **Gemüse:** Broccoli
- **Getreide:** Nudeln (1x pro Tag)
- **Saft:** Bio-Apfelsaft HIPP (mit Wasser 1:2-3)
- **Saft:** Bio-Möhresaft HIPP (mit Wasser 1:4)

OK
- ab und zu geben (alle 2-3 Tage), aber nicht zu viel
- Reaktion variieren sich nach den zugenommenen Menge.

- **Gemüse:** Kartoffel (Marabel, jedoch nicht mehr als 3 Mahlzeiten nacheinander)
- **Obst:** Banane (halbes Stück, nur alle 2 Tage einmal)
- **Zutaten:** Soja-Sauce (2-3 Tröpfchen)

eher schlecht
- begrenzt geben, je nach Situation
- mit sofortiger Reaktion, die erst in 2-3 Tagen verschwindet

- **Obst:** Gläschen HIPP Pfirsich-Maracuja
- **Zutaten:** Zucker/ Karamel
- **Zutaten:** Jodsalz

ganz schlecht
- vorerst nie mehr geben !!
- mit sofortiger Reaktion, meistens ganz stark !!

- **Gemüse:** Chinakohl, Reiswaffeln (Naturreis)
- **Gemüse:** Blumenkohl
- **Gebäck:** Toast (am gleichen Tag in Möbelhäuser, wo sie auch starke Reaktion bekommen kann.)
- **Gebäck:** Waffeln ALDI (sie hat selbst ein Stückchen zu sich genommen.)
- **Gebäck:** ...waffeln (Naturreis)

Neurodermitis-Schulung 2007 (Darmstädter Kinderkliniken Prin...
08. Februar zum Thema Ernährung
Dipl. oec. troph. Fr. Hennrich-Klemz 06071-829884

安媽咪
情報站

德國的魔法醫學——順勢療法

源自德國的順勢療法（Homöopathie），已有二百多年的歷史。它的開山始祖山姆．赫尼曼（Samuel Hahnemann，1755-1843），在實驗時發現了可以用來治療瘧疾的金雞納樹皮，對健康的人體卻會產生與瘧疾相似的症狀。這種類似「以毒攻毒」之原理，便是順勢療法中的首要原則：類似法則。因此順勢療法在日本也被稱為同毒療法或同病療法。

赫尼曼是第一位以類似法則建立科學基礎的醫師。當他使用藥物在健康的人體進行試驗，進而製作出藥品時發現，藥物濃度稀釋後的效果，不減反增，而最後在化學成分上屬於極微量的礦物質，對病症卻仍有一定之療效。

順勢療法是一種結合身、心、靈的治療理論。醫師除了探詢患者之身體症狀，也會察看體質、心理及情緒，尤其在心智和精神層面，會做極為深入的了解。因此許多學者認為，順勢療法主要是運用心理暗示而產生的一種效應療法。然而，卻有越來越多的專家與民眾承認，雖然順勢療法無法完全用科學來解釋，但其特定之療效，可成為現有醫療體系的一項補充。

在德國，順勢療法之醫師必須經過完整的西醫訓練，方可取得執照。在這十多年來，德國境內的順勢療法醫師人數大幅成長。一九九三年約有二千五百位醫師取得順勢療法資格，到二〇〇八年底已增至五千五百人。

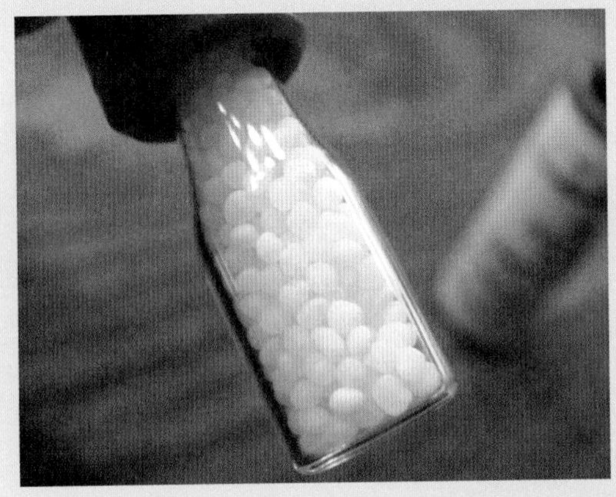

順勢療法的神奇迷你藥丸，比保濟丸還小粒。這樣一公克小瓶裝的藥丸，可是要價十八歐元（約台幣八百元）呢！

最好的藥劑

父母快樂的心，永遠是孩子最好的藥劑。

孩子，總是父母心情的播報員。

這天，坐在我對面吃著早餐的安娜突然對我說：

「媽媽，妳生氣了嗎？」

「沒有啊，我哪有生氣？」我莫名其妙地看著她。

「有啊，妳都不笑，然後妳眉毛都這樣子……」她用手在眉頭間比劃了一下。

當時，我的心情的確不好。因為那幾天剛好感冒。每當身體不服舒時，我心情就會自動低落，因原本安排好的作息和計畫總是會被迫打亂。

見著我板著臉，安娜的心情似乎受了小小的影響。突然，她竟學我一副愁眉苦臉的模樣，用手托著下巴、歪著頭、並糾著眉對我說：

「媽咪，我也生氣了！」

「妳生什麼氣啊？」我莫名其妙地看著她。

「昨天芭比沒有給我她的彩色紙。」安娜邊說邊搖頭，也學我一臉的不高興。

的確，心情總是有相當傳染力。每當有人懷著好心情，週圍的人群也漸漸會開心起來。只是，團體中若出現個壞脾氣的人，四週

就像被瓦斯籠罩般，似乎起了一丁點的火花就會引燃爆炸。

在安娜二歲前那次的過敏大發作時，我們參加了異位性皮膚炎兒童的講座，其中一堂便是關於父母的情緒處理。講授的醫師表示，父母內心的感覺，無論是否具體地表現出來，孩子都能感受得到，而這也是影響孩子病情的其中一項關鍵，父母卻時常忽略。

在一般家庭生活裡，家人間難免會有爭執的時候。尤其當孩子的狀況或病情一直無法獲得改善，長期累積下來的壓力，勢必對父母產生負面的影響。若此時任由自己在孩子面前發洩情緒，孩子所承受的壓力便會以級距倍增。如此所形成之惡性循環，對於患有異位性皮膚炎的孩子，不但毫無益處，症狀反而愈加嚴重。

然而，「理論」總是說是易，做是難。譬如當時，看著安娜紅腫的臉龐，以及到處被抓得全是傷口的小小身軀，做媽的我是怎麼也笑不出來。不過我還記得，當我們離開「甘道夫」診所後所做的第一件事，便是重新面對安娜！我們努力讓自己看到的不是安娜外表那一處處的傷痕，而是真實的她：喜歡唱歌、喜歡跳舞、喜歡用Rap唸唐詩的小安娜。雖然，我們時常仍會因為食療以及平日飲食的問題，再次掉入這股壓力中。但至少，一步步走下來的日子，我們認識了孩子本身即具有的堅強，也慢慢學到了，靜下心與孩子相處，並非想像中的困難。

⊙安媽咪・安靜想⊙

很想對過敏兒父母說的是，相信自己的直覺，並用快樂的心陪伴孩子。唯有快樂的父母，才有快樂的孩子。也唯有孩子快樂，整個家庭才能脫離過敏所帶來的漩渦。另外，想給過敏兒親友團的一點小建議是，除了關心孩子外，也得為爸爸媽媽加油喔！不見得需要實質上的援助，也不見得總得提供各式偏方，簡單一句鼓勵的話語，已是最實際也最珍貴的幫助。

我不曉得我的脾氣好不好，但見到孩子吵翻了天，也是會像母老虎般地怒吼和咆哮。尤其以往那段時間，只要見到安娜開始大哭，我的情緒馬上跟著沸騰。只是後來逐漸發現，我們的許多反應，只是在那「一念之間」。無論是否有異位性皮膚炎，也無論孩子是為何大哭大鬧，大人如果願意，都有能力好好靜下心，用另一種角度和方式去看待和面對。

沒錯，自己的態度是個不可小覷的關鍵。當我靜下心來，安撫哭鬧不安孩子的同時，等於也化解了下一分鐘的衝突。當我靜下心來，微笑面對著東抓西抓的安娜，她自然就被我的好心情所吸引了。當我靜下心來，重新面對過敏發作這件事，我發現，它可以不用成為我們生活的重心！因為，生活中有太多值得我們享受、體驗與學習的事物，而一分一秒飛逝的時間，也正等著我們去填滿一袋又一袋的回憶。雖然如此，我和安爸畢竟都是人，難免仍會有不滿的情緒。只是陪伴安娜經歷過那段日子後，我們更懂得珍惜對方以及另一半所做的一切，也更珍惜與孩子們相處的每一刻。

要說我們給安娜最好的藥劑，就是我和安爸快樂的心吧！而且我也知道，我不需再刻意隱藏我的情緒和感受，因為那都是不必要的。精明又敏銳的孩子們，察言觀色的能力可是我們想像不到的高明呢！此時父母能做的，便是從自己的內心著手，有時只要將角度調整一下下，所有的事情和問題，便看起來完全不一樣了！

媽咪心情，二十五度晴

成功的蛋糕男

我們捐的蛋糕，其實是出自安爸的巧手。

安娜幼稚園的傳統（也是不少德國學校的做法），就是節慶時請家長捐盤蛋糕義賣，而全數所得則作為幼稚園經費的一部分。

每逢德國聖馬丁日（每年十一月十一日，亦為燈籠節Laternenfest），學校都會舉辦慶典。如同去年，我們早在幾個禮拜前就已登記了捐盤義賣的蛋糕。聖馬丁日的前一天上午，我一如往常帶尼克上寶寶體能課。中午接了安娜，便和孩子們留在公園裡玩了一會兒。接著到諾拉家烤餅乾，直到六點多回到家，簡單吃頓德式晚餐（麵包、沙拉和水果）之後，孩子們馬上呼呼大睡了。而此時，安爸才剛下班，我和他聊著聊著，到了九點多我打算早早上床時（那天真的很累），順口提到別忘了明晚六點半我們要輪班義賣的這件事。沒想到，安爸卻跳了起來，問我足足三次：「明天是十一號？」

十一號？什麼十一號？我完全不了解安爸的問題，只聽見他衝下樓跑出門時，丟了一句話給我：「要去買洋蔥蛋糕的材料！」而我呢，愣了好一會兒，也突然「啊」的想起，完了，明天除了輪班，還得捐一盤蛋糕！老天，這件事怎麼被我忘得一乾二淨了！

沒辦法，我不是個完美的家庭主婦，在家務方面的時間管理永遠很糟糕，加上記憶力又不好，雖然所有的事都寫在月曆上，卻忘了每天應該要檢查一次。還好，安爸在這方面（尤其廚事）不但

來哦，來哦！安爸烤的洋蔥蛋糕，真的好吃喔！相信嗎，這樣一盤也賣到了三十歐元呢！

頭腦清楚，也可以做得很好。所以這次捐蛋糕的事，不知不覺便落在他的管轄範圍。

只是，雖然這次的蛋糕不是我做，但身為老婆兼「半」個家庭主婦，總覺得，嗯，好像也該盡點責任與義務。於是，我趕緊下樓跑進廚房，想為老公準備一下器具材料之類的。不過，當我還慢吞吞地想先泡杯熱茶、順便整理個碗盤時，大廚已趕了回來。馬上，我被他掃出了廚房，但這我早習以為常啦。

為了展現「有難同當」，我於是坐在客廳裡，伴陪隔壁那位正與洋蔥抗戰的老公。聽到廚房傳來沙沙沙的水聲、嗡嗡嗡的打蛋機聲，我其實也挺緊張的，因為時鐘已顯示深夜十一點了。好不容易，老公走了出來，我竟然白痴地問他烤好了嗎（我的確滿累了）？結果他摸摸我的頭，望著我那副搞不清狀況又已睡眼矇矓的表情笑到不行。我於是警告他，小心睡前一直笑會做惡夢的，但他不相信。

後來我起身坐在電腦前，想說來做些什麼正經的事，不過實在太累了，連看個八卦新聞都沒那個眼力。就這樣，看著安爸進進出出了好幾次。突然，一陣很濃的香味飄進客廳，我又以為已經烤好了。沒想到大廚說，不同於去年的做法，他這次把蛋糕上層的餡料先炒過後，才送進烤箱。不過光是聞，就讓人想偷嚐一口

真正的超級奶爸。瞧瞧安爸的襯衫口袋裡還有個小奶瓶喔！

了。因為，真的，真的實在太香啦！也或許因為晚上的那餐沒有熱食，我是越聞越餓、越聞越受不了。

或許我已是一副閉目養神的樣子吧。安爸一直催我先睡，但我實在不好意思，便將棉被抱下來，躺在客廳的沙發上。當我幾乎好像夢到了什麼時，突然聽見一聲：「烤好了！」馬上，我衝去廚房，像做夢般地看到了一盤熱烘烘的洋蔥蛋糕出現在我面前。嘩，真的……讚讚讚！老公，你真厲害！萬歲萬歲、萬萬歲！

十一月十一號那天，在燈籠遊行結束後，全鎮民眾聚集在幼稚園裡吃吃喝喝。原本打算提早下班的安爸，卻臨時有重要的會議無法脫身。當他後來端著這盤蛋糕趕來學校時（我先帶孩子到教堂參加遊行，之後直接留在學校幫忙園遊會的工作，無法抽身返家拿蛋糕），幾位老師歡呼了一聲！因為所有的洋蔥蛋糕已賣得差不多了。安爸趕緊將蛋糕再送進學校廚房熱烘一下，便立刻端去攤位販賣。馬上，我們自己先搶購了三小塊來嘗嘗，果然真不錯吃！後來想再多買二塊時，唔，這盤分割成小小三十片的洋蔥蛋糕，早已全賣光啦！

那晚，捧著空盤子一路回家的安爸，心情看起來超級好！

⊙安媽咪‧安靜想⊙

隔天，我去接安娜放學，一位隔壁班同學的奶奶，忽然親切地對我打招呼說：「昨天最後的一盤洋蔥蛋糕是您做的吧？很好吃呢！是用學校的食譜嗎？……」我點了點頭，又搖搖頭，又點點頭跟她解釋，蛋糕是用學校給的食譜沒錯，只是～欲言又止的我，尷尬地笑了笑，馬上謝謝她喜歡「我們的」蛋糕，接著便紅著臉、拖著安娜和尼克快步走出了校門。因為，當時心裡的感覺好像是，以前在小學做不出滿意的竹燈籠，結果只好提著老爸連夜加工過的、再怎麼樣也不像是孩子做的超炫的大燈籠，同樣都是紅著臉，但內心卻是很驕傲的～驕傲擁有這麼會做燈籠的爸爸，以及有這麼會做蛋糕的超級老公！

我最喜歡星期六和假日了！因為爸爸不用上班，他可以開車載我們出去玩！

第一場電影

下一次跟老公牽著手進電影院，將會是何時？

有了孩子，想跟老公好好看場電影、約個會，似乎不怎麼容易。

安娜出生後，即患有嚴重的異位性皮膚炎。在她可愛的雙頰上，總是常常帶著二團破皮出血的傷痕。直到弟弟出生後，她發作之處才逐漸轉移至身體其他部位。因為傷口有時不好處理，加上安娜在飲食方面也有特別的限制，因此請個臨時保母照顧這樣的事情，我們從未想過。

直到去年回台灣時，安娜和尼克長大了、也懂事許多。原本之前非常害羞又怕生的安娜在上學後變得極為開朗，一下子已可以跟親友們混得很熟。有好幾天，趁著阿嬤陪孩子們午睡，我終於可以和安爸單獨出門，雖然大多仍是計畫性的採購。唯一一次，能讓我們完全放心外出，便是與表姊和姊夫享受的那頓下午茶。

我還記得，整整一個下午，我們輕鬆地享受著愜意與美食。談笑間，不需分心顧慮著孩子們吃飽了沒，也不用擔心小朋友在餐廳裡坐不住或到處跑，更不用特別掛念尼克是否在家裡開始找媽媽了。至少，手機一直沒響，表示阿公阿嬤都還罩得住！只是返德後，恢復了原有的作息，這種獨自與老公手牽手出個門的願望，又被我們很認份地自動丟給了未來。

不過說起約會，在以往的二人世界裡，和安爸除了逛街就是跑

安爸和我總是不知不覺將空閒的時間
花在孩子身上。畢竟，孩子願意我們
陪伴的日子，也只有這個時候吧。

爸爸媽媽帶我和弟弟去公園玩。弟弟在玩溜滑梯，我們有排隊輪流玩喔！

電影院。再不然，往西北開二個小時的車，到杜塞道夫享受一頓正宗的廣式料理。或者，我們喜歡呆坐家中，二人膩在電視前等待喜愛的美食節目。拜現代科技之賜，今天在家裡，只要打開筆電，下廚也可以讓英國名廚Jamie Oliver陪伴；晒衣及收衣時，也能觀賞戲劇裡的花樣美男子。就連電影也不例外，雖然少了那一份大螢幕的臨場感，但各式影片似乎應有盡有。有天，安爸突然跟我說，不如，等晚上孩子都睡了，我們來看場電影如何？

「電影？好啊！」安爸一提，我馬上同意。只是，畢竟太久沒關心電影的訊息，光選個片子，就讓我們磨了好幾天。

「〈哈利波特〉去年好像有新的續集吧？」我忽然問著。

「哦，應該，早有二部新片了。」安爸目不轉睛地盯著電腦。

會說起〈哈利波特〉，因為是上一次去電影院看的電影。不過，那距離現在也有整整四年半了！還記得二〇〇四年夏天，挺著八個月的大肚球踏進了電影院，當時安娜已經很會踢囉！尤其當我坐著，只要她一踢，總會讓我直跑廁所。因此買票劃位時，我們特別挑了靠出口的位子。還好貼心的安娜，那天讓我安安靜靜地看完了電影。

「那就，〈哈利波特〉最新的那部？」

安爸點了點頭，我則按下選鍵。接著，兩個人依偎沙發裡，調整好最舒適的姿勢，正準備進入魔法的世界時，二樓卻傳來了尼克的哭聲！其實，那幾天尼克是不太舒服的。但偏偏這晚，他咳得嚴重，所以大概是被自己嚇醒了。於是這場「哈利之約」，被我們順延了一天又一天。好不容易孩子病好了，卻又輪安爸感冒。如此熬了有將近一個月，這電影之約什麼的，早已被我們忘得一乾二淨。

二個人的約會先不用想，假日帶著孩子們到處踏青，也是很享受的！

趁弟弟午睡時，安娜自願說要幫忙替草地灑水，我和安爸直覺地想著，哇，真好，那可以來好好喝杯咖啡了！結果，我們的咖啡才剛端出，還喝不到一口，竟然見到安娜玩起水來！原來，這才是安娜自願的真正目的。

⊙安媽咪・安靜想⊙

「在家看電影，也算約會喔？」一位也需請了保母才能和老公出門約會的友人，曾這麼問我。我說，約會只是個名詞，看電影也僅是種形式。二個人無論在何處，做什麼都好，只要快樂高興地度過，就是約會囉！畢竟，家家有本難唸的經。每個人及每對夫妻所尋求的平衡點不同，所採用的方式也不一樣。因此沒有必要別人怎麼做，我們也得跟著這麼做。也不需覺得，別人的一切，總比自己幸福。幸福與否，不是比較而來的；幸福，是源於自己內心的感受。只要用心過生活，無論何時，都會覺得心裡甜蜜蜜，無論何處，也都可以是約會的好場所。

前幾天晚上，不知誰提議想看最近獲得奧斯卡最佳外語片的印度電影〈貧民百萬富翁〉，我們於是，終於「滿完整」地看完了產後以來的第一部電影！我會說「滿完整」，是因為孩子們在影片播放中仍頻出狀況。但或許這部片子很吸引人，還看不到一半，我們乾脆抱著DVD上樓，陪著一旁似乎做了惡夢的孩子，繼續安靜地觀賞著。即使中場數次被打斷和離席，但好不容易，終究是一起看到最後。更加難得的是，安爸沒有睡著喔（他可是看電影必打瞌睡的人）！因此這次的電影之約，算是圓滿落幕了。

至於下一次的電影之約，或者其他的約會呢？如果你想問的話，那可不急，完全不急了！我們打算，等尼克今秋上了幼稚園，安爸不定期找個上午休假。屆時，我們可以選擇一起去健身房，到農場散個步、偷個閒，還是懶洋洋地窩在家裡。期待，是真的很期待那一天的到來呢！雖然，一想到老二將來不再整天黏著自己，是有點感傷。不過，陪伴孩子，終究是父母暫時的職責。自己的另一半，才是一輩子攜手前進的人。只是，我一直在想，不知下次獨自與安爸手牽手進電影院，會是幾年以後的事了？

洗碗機的啟示

相信嗎？洗碗機將會是玫瑰戰爭的引爆點！

婚前曾聽人這麼說，一條牙膏可以導致離婚，我總是不可置信地搖搖頭。直到婚後二人一起生活，我才意識到了，生活中所謂的芝麻小事，是可以釀成大條代誌的。

天下沒有不吵架的夫妻，我和安爸也不例外，自然都有意見相左的時候。而剛開始最常讓我們發生衝突的，便是二人最鐘愛的廚房。因為只要常下廚的人都知道，使用廚房，大家總有套「各自的」規矩。從煮飯、作菜的程序，直到清理鍋爐、整理碗盤，每個人的方法與習慣總是不一樣。也愛切切煮煮的安爸，向來是等全部烹煮，甚至是晚餐完畢後，才開始清理廚房。而我則喜歡一邊做一邊將廚餘或炒鍋先處理好。於是，每當我倆又「濃情蜜意」地擠在廚房忙碌時，難免會對彼此的做法起了點小意見。

「你的鍋子……要不要我現在先幫你洗？」
「不用，妳先煮完妳的味噌湯再說……」
「那你這盤子……要不要沖一下？」
「這等最後再說！妳的豆腐要我加進去了嗎？」

原本已是熱烘烘的廚房，這樣你一句我一言的，二人情緒就不知不覺被煽得更高了。不過聞著飯香味，一想到馬上就可上桌享用，心情就自動被冰鎮了一下。只是每每到了用餐後的洗碗工作，雙方的難題又突然浮現。不過針對這點，後來與許多德國媽

媽們討論後發現，原來，這並非只是我們才有的問題。似乎許多男人們對洗碗機有一種無法解釋的情結。因為他們都有自己的一套邏輯，而且總是認為，唯有使用他們的方式，才能讓碗洗得又乾又淨亮晶晶！

「你這樣擺，水可以沖到上面嗎？」

「可是妳那樣放，下面的空間就浪費了！」

是的，這種對話也曾出現在我和安爸間，而且一旦冒出，還真沒完沒了。只是，面對這些不算大的瑣事，老是意見不合，也著實令人頭痛。所幸，隨著時間，我們找出了共用廚房的默契，也漸漸地，我們學會給對方一點「自由」的空間。至少現在，我們不會白目地不約而同的一起處理洗碗機。聰明的我們，總有一方會自動閃人。再不然，就閉起雙眼（相信我，某些時候，「睜隻眼、閉隻眼」仍是不夠的），什麼都看不到，這樣也就過了。

比起廚房的各項瑣事，在面對孩子的教育態度上，我和安爸的觀點和做法倒滿一致。例如為孩子們說故事，無論是平時假日的故事時間，或者每天早餐和晚上固定會讀的小故事，安爸的興致總比我還高昂。時常，早上來不及出門了，安爸卻堅持把最後一篇的小故事唸完再說。時常，幾乎快過了上床時間，安爸還會跟孩子們一起唱好幾首歌。因為故事和晚安時間，是陪伴孩子最重要

⊙安媽咪·安靜想⊙

很多女生總認為，我做的一切都這麼完美，你還有什麼要求？不少男生卻也認為，為何我做什麼，妳總是不滿意？就像單單擠一支牙膏或如何將碗盤排入洗碗機，都有可能因為各自不同的習慣而引起雙方小小的不滿。然而，衝突、爭執、意見相歧都是夫妻間會遇到的問題。重要的不是爭求誰對誰錯，而是事情發生後，慢慢尋找出彼此能夠相互接受的觀念和做法。別忘囉，爹地媽咪怎麼做，孩子們可是全天候最忠實的觀眾喔！

的一個時段，這是我和安爸非常認同的觀點，因此我倆也同心盡力地一起配合。

不過懲處方面，心軟的安爸就不如我這個做媽的心狠了。但該講的、該唸的、該懲罰的，我們仍是會處理。只是時常，好脾氣的安爸，總能心平氣和地跟孩子們說著大道理。我這個比較粗人性子的媽咪，就扮演著兇巴巴的「後母」角色。但漸漸地，彼此的行為也是會相互傳染。偶爾當孩子們鬧翻天時，安爸也會吼上幾句，好鎮壓已不可收拾的場面。而當我又想罵人時，也學會了先讓自己靜下心，再來面對孩子。

世界上，沒有二個人是一模一樣的。有些一家四口的家庭，就有四種不同的政治理念。很多所謂的同卵雙胞胎，卻有不同的穿著品味與個性。從人群大海中，尋找到對方的安爸和我，對美食的喜好雖不見得相同，卻喜歡一起到處嘗鮮。從不同的喜好中，慢慢發展出一致的模式，或者從不同的角度，尋找出相同的觀念和態度，這也正是我們相處中最大的樂趣。

今天，牙膏所使用的包裝材料，應該不至於造成使用上的糾紛。取而代之的最新引爆點「洗碗機」，或許將成為玫瑰戰爭的最新導火線。不過要將這條導火線引爆或熄滅，光靠一人自導自演是不夠的。就像「家」是二人才能撐得起來的道理一樣，許多的困難和問題，也需要雙方共同努力才能夠順利解決。

海鮮麵

緣份或許追不到的，但幸福可以自己創造！

今年農曆年帶著二隻小魔鬼回南德的爺爺奶奶家過年。一桌子豐盛的年菜不說，在我們啟程返家前的那頓午餐，婆婆還特地準備了料好實在的海鮮麵。我呼嚕呼嚕地享用著那超新鮮的脆皮蝦、Q嫩到不行的魷魚、還有藏在麵中的鮮嫩魚片和魚丸，著實一解了我的思鄉情！

說起來，這海鮮麵，看起來似乎滿簡單的。不過當我在廚房目睹婆婆親手一隻隻現燙這些海鮮料，又聽著老公跟我述說它湯頭的熬法，我不禁十分佩服這對母子對烹調有如此濃厚的興趣。因此當場馬上確定了，今年我們一家四口的大廚權杖，繼續由孩子的爹掌管！

許多人都會問我，到底在德國有無過中國年的習慣？以前單身時，偶爾除夕跟同學們圍個爐，不過孩子出生後的頭一二年，則完全沒想過除夕這件事，因為瑣事都忙不完了，加上德國也無農曆年假。直到去年，三歲的老大開始問起過年的種種，應她大小姐的要求，我才特別準備了除夕火鍋（沒辦法，她看到巧虎吃火鍋，吵著也想嘗鮮）。而這也是頭一次帶著孩子過年呢！為了增加年節的氣氛，我還從網上找了新春節目播放著。孩子們看到喜愛的舞龍舞獅，高興地又叫又跳。見到他們如此開心，又聽著超熟悉的新春歌曲，感覺還挺溫馨的。

婆婆的海鮮麵，料好實在味道讚！

只是，這溫馨的場面，只持續十五分鐘不到。因為這二位三歲和一歲半的小小孩，頭一次見到火鍋，對它是好奇得不得了。一下子跑去搖動插頭，一下子爬到桌上摸摸肉丸、咬咬生玉米、甚至還拿起冬粉絲揮舞著！好不容易等到開始用餐，二個小孩等不及白菜和肉丸在湯鍋裡慢熬，卻又在火鍋料煮熟後，拒吃——「那個撈出來的東西」（安娜對火鍋料的形容）！搞到最後，我索性到廚房炒個米粉，把不乖的孩子們快快餵飽，也不等什麼晚安故事時間了，早早送他們上樓洗澡睡覺去。

當我把孩子們解決後，有點敗興地走下了樓，卻發現安安靜靜的餐桌上，擺了二大碗公的牛肉冬粉。老公從廚房走出，一副店小二，不，當然要說是大廚的模樣，招呼著我快吃快吃！原本很down的心情，突然一下子又high了起來。不愧是傳承自婆婆的手法，那碗由他手中變出來的冬粉，只能用讚上加讚來形容！享受著一大碗牛肉冬粉的同時，忽然感受到濃濃的過節氣氛，只是，好像有點不像過年呦，而是提前過了「情人節」！

除夕，這個團圓日，是不同於被禮物充斥的耶誕節。離鄉多年的我，始終非常懷念以往在台灣圍爐的每一年。不僅是阿嬤那一大桌香美豐盛的年菜，久違的親友、喧鬧的新春節目、不間斷的麻將聲、用紅包錢買鞭炮租漫畫、享受著一年一次被爹娘允許不用早睡的特權……這一切的一切，都將團圓日點綴得好

溫馨、好祥和。

如今，我知道，我無法奢求孩子們也可以擁有像我一樣的除夕之夜，不過看著女兒，光是見到電腦裡跳出來一隻又一隻的舞龍舞獅就開心到不行，而握著一把紅包的兒子，更是興奮到歇斯底里地跑來跑去，這樣的童年，突然也讓我羨慕了起來！

⊙安媽咪・安靜想⊙

我不算是個「傳統」的人。之前一個人在德國這麼久，我從來沒要求自己過年一定要吃年夜飯、過端午一定得包粽子。只是有了孩子後，想法和做法都不一樣了。突然，我會急切地想把身上的所有「傳統文化」，繼續傳給孩子們，將我兒時的一切回憶，全數說給孩子們聽。就如冬天時，我想帶安娜享受吃火鍋的樂趣，也想在每年中秋，為尼克戴上柚子皮，更希望每年過年，孩子們可以熱熱鬧鬧地歡慶著。而今，融入另一個大家庭的我，見到了不同的年菜、過著不太一樣的習俗。我不否認，似乎少了點什麼感覺。但大家身處異鄉，能共同營造些節日的氣氛，終究是一種難得的緣份與幸福。

「半」家庭主婦

我總說我是半個主婦，並不是兼了什麼差，而是……

復活節的早晨，我被安爸和安娜的談笑聲給吵醒了。

「安娜，今天要不要去動物園找彩蛋？」

「可是爸爸，車子壞掉了啊？」

「哦，昨天叔叔幫爸爸修好車了！」

「怎麼修？」

「他……把電腦接上車子，然後找到問題，就修好了。」

「電腦嗎？」

「對。後來叔叔拿了根槌子，打開車子敲了敲。」

「啊？敲敲敲？哈哈哈哈，爸爸，好奇怪喔！」

「哈哈哈哈，是有點奇怪……」

原本昨天，我們和蘿拉一家約好去動物園參加找彩蛋的活動。只是前天購物回家時，車子跑到一半竟然不動了。因此原本打算出遊的時間，安爸便拿來處理車子的事。但其實，車子只出了一個小問題，並非我們預期中要進廠維修的大麻煩。當維修人員趕來時，用電腦偵測一下，便拿出一根鐵鎚東敲西打的，不到十分鐘，車子馬上恢復了正常！為彌補週日無法成行的小遠足，我們臨時決定復活節週一上午，自己帶孩子參加動物園的彩蛋活動。於是早晨起床後，安爸馬上跟安娜宣佈了這個好消息。

「妳快點把牛奶喝完，等下去叫媽媽起床。」

復活節時在動物園進行的找彩蛋活動。而要找的「彩蛋」，其實是工作人員藏在草叢和樹縫中的巧克力糖！見到安娜蹲在一旁，不知在發什麼呆，後來打開她手中的帽子才發現，原來眼尖的她已經找到好多巧克力糖了！

這是我們的家，我很喜歡我們的家，也喜歡在花園玩！

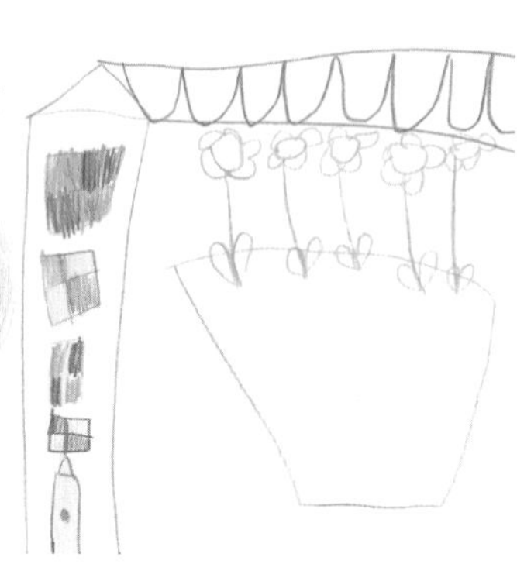

「爸爸，叔叔拿了鐵鎚啊…哈哈哈…好奇怪喔！」

「對啊，叔叔就是咚咚咚這樣敲，呵呵呵……」

聽著父女倆從樓下客廳傳來的笑聲，總是我最享受的時刻。享受的，並非我不需像平時趕著早早起床，而是面對古靈精怪的安娜，安爸總可以不徐不緩，甚至還無厘頭地與孩子們嘻笑一番。此時，躺在床上閉著眼睛的我，靜靜聽著樓下的一舉一動，心，暖暖的，好甜蜜，也好享受！

愛家愛孩子的安爸，每早起床，總會跟孩子們東聊西聊。有時，見到時鐘已經八點十五，安爸卻還要我等一會兒，他把《胖莉》中的最後一小段唸完就好。每當安爸晚上七點多才到家，我和安娜、尼克剛好擠在浴室時，「爸爸回來了！」不知誰的耳朵總是那麼聰敏，安娜連小內褲都還沒穿好，弟弟只裹了一條浴巾，二個孩子又推又擠地馬上衝出了浴室（我是史上最糟的浴室守門員）。而安爸呢？即使肚子餓得咕嚕咕嚕叫，聽見孩子們呼喊爹地的聲音，也高興地將他們又摟又抱。甚至，時常連晚餐都還沒吃一口，便急著幫忙孩子穿好睡衣，開始說起晚安故事了。

愛家也愛老婆的安爸，只要是在家的時間，隨時都會主動幫忙任何的家務。像是聽到洗衣機又響起洗好的訊號聲，他便馬上衝下樓處理衣服。或者週日早晨，他總是喜歡一個人窩在廚房裡，慢

⊙安媽咪・安靜想⊙

寫這篇文章的目的，並非想誇耀我的老公有多好，或誰做家事、帶孩子有多認真。我只是想強調「感恩」的心情。夫妻間的確是要常存有感恩之心，也要隨時為對方著想。不要老是比較誰做得多誰做得少，也不需把家務和工作的界線刻意劃分過頭，因為每每為了職權引發的爭執，只會讓雙方的角色更難融合。

慢燉著他的香菇雞、牛骨湯或蘿蔔排骨湯。要是見到我在清掃浴室和房間，他也會馬上問我是否要幫忙。

當然，每天得上班，有時早出晚歸連我都見不到人影的安爸，是不可能幫我負擔整整「一半」，甚至所有的家務。只是他對待家庭的態度，總是讓我覺得，至少身為全職主婦心情上的壓力，不會那樣的無味與沉重。就像共進晚餐時，他喜歡幫我把飯菜都夾好的小動作；或者是半夜我說餓了，他馬上跳進廚房弄些好吃的——這讓我又愛又恨的壞習慣。當我被孩子們煩到不行，他也會主動接手，給我片刻的時間喘口氣。往往就是這些小地方，讓我感受到我不是孤獨的。因為，在安爸的身上，我實實在在體會到了家的「溫暖」，至少我累了、或想讓頭腦休眠片刻，我有個可以完全放鬆卻不需被指責的心情空間。

「家」是二個人共同創造，也是二人攜手才能維持下去。我很感恩，老天讓我有這麼個體貼的老公相伴，也很感恩，孩子們有這麼個愛家的好父親。至於我說，我是「半」個家庭主婦的意思，說是自我揶揄也好，其實，純粹只想感謝老公對我的扶持、關心與愛。

媽媽的夢想

身為媽媽的我，能有什麼夢想？

參與《一百．母親》一書的撰稿，我實在不知如何下筆。拖了好久，至截稿日前，還是想不出自己有哪些夢想，或者，自己可以擁有什麼樣的夢想。

年輕或兒時所做的夢，已離現在好遠好遠了。曾經，我想做一位女太空人；曾經，我想當一位鋼琴家。曾經，成為世界第一的女魔術師是我的夢想；曾經，環遊世界也是我的願望。只是這一切，已隨著成長，隨著成家，尤其有了孩子，全都被我遠遠地拋在腦後。

女兒安娜，在她出生後第三個月，即患有嚴重的異位性皮膚炎。帶著她進出診所，是再平常也不過的事。後來發現她有斜頸的問題，從第四個月開始帶她去做復健，每週一至二次，也持續了五個月之久。期間，醫生懷疑安娜的前囟門過早密合恐怕影響到其他的發展，我們為此所收集的資料，足可寫成一本論文。而安娜的過敏症狀，因氣候、因環境、因食物，總是時好時壞。不過，至少她不再像兩歲時，什麼都無法吃。至少，目前除了海鮮及榛果，她也能像平常的孩子，終於可以吃點餅乾糖果。雖然有時某些食品仍會造成她過敏反應，但能擁有現在還算良好的狀況，我們已是謝天謝地，極為感恩！

我還記得，安爸以前的夢想是成為一位考古學家。對史地、文化有濃厚興趣的他，直到現在也愛看這方面的書籍或節目。正絞盡腦汁找出自己夢想的我，頗為好奇地問了問，不知現在的安爸會有什麼夢想？

「安娜的癢疹快點消退……」

「不再過敏……」

「二個孩子健康……」

「大家都健康啊！」

難得在沙灘玩耍的孩子們，玩到連時間都忘了。

看著安娜活潑開朗的表情，總會讓我覺得，沒有什麼是不可能實現的！

安爸句句道出了我心中急切希望實現的夢想。沒錯，願自己孩子健康快樂的成長，是許多父母最深切的願望。只是真要了解健康有多麼重要，多半也是親身經歷過後，才能真實感受得到。

前幾個禮拜到西班牙度假時，我們發現安娜竟然又無法使用防晒乳液了。喜歡陽光、沙灘和海水的她，在穿了幾次泳衣玩水後，我們不得不要求她加件長袖衫並戴上帽子，以做好防晒工作。這幾天復活假期，鄰居的老太太瑪格送給安娜和尼克每人一隻好大好大的巧克力兔，可惜這種平常孩子馬上可以打開來享受的情景，至少目前不可能在我們家中出現。因為尼克這孩子，是從不碰巧克力或甜食，而安娜，即使她非常喜歡巧克力類的產品，食用量卻必須嚴格控制。

比起中了上億樂透，或者希望孩子成為某領域中的優秀人士，我更期望安娜和尼克只要能平安健康就好了。我希望將來有一天，安娜可以像其他孩子那樣，穿著泳衣、塗上防晒乳液，盡情地享受玩沙玩水的樂趣。我也希望將來有天，能看到安娜把巧克力吃得滿嘴都是的滿足模樣；我更希望有這麼一天，我們可以帶著孩子一起品嘗世界各地的美食，絲毫不必顧慮過敏的問題。

許多人的夢想，經過努力，都有實現的可能性。只是我知道，我自己的這個夢想，無法經由努力而達成。能做的，也只有用樂觀的心去面對一切。因為我堅信，正面的力量，將會帶領我們一步步向夢想邁進！

⊙安媽咪・安靜想⊙

以往談到夢想時，總是會很開心的讓自己在夢中任意遨遊，絲毫無任何煩惱。如今，想再次尋找出自己的夢想，心情卻是沉重的。不過，當我一字一句慢慢寫出對孩子們的健康有何期盼時，心中卻充滿了感恩。突然，我意識到了，與其整天期盼著哪天安娜的皮膚會變好，倒不如放下心來，好好面對現在。因為，與孩子相處的每一刻，才是將來永恆的回憶。

你看我有很多心喔！因為我很愛爸爸、媽媽、弟弟、阿公、阿嬤、爺爺、奶奶……還有好多好多我的好朋友，我也很愛他們！

Zeit haben und entspannen mit Kindern

Smile 91

與孩子慢舞

成長在日耳曼

作者 | Dora Chen
繪圖 | Dora Chen・Anne-Sophie
美術設計 | SPACE 98
責任編輯 | 林明月
法律顧問 | 全理法律事務所董安丹律師
出版者 | 大塊文化出版股份有限公司
地址 | 台北市105南京東路四段25號11樓
網址 | www.locuspublishing.com

讀者服務專線 | 0800-006689
TEL | (02)87123898
FAX | (02)87123897
郵撥帳號 | 18955675 戶名:大塊文化出版股份有限公司

總經銷 | 大和書報圖書股份有限公司
地址 | 台北縣新莊市五工五路二號
TEL | (02)89902588
FAX | (02)22901658

初版一刷 | 2009年08月
ISBN 978-986-213-133-6

定價 | 新台幣320元
Printed in Taiwan

與孩子慢舞：成長在日耳曼 / Dora Chen著.
-- 初版. -- 臺北市：大塊文化，
2009.08
288面；17×22公分. -- (Smile；91)

ISBN 978-986-213-133-6(平裝)

1. 親職教育 2. 親子關係

98012858 528.2

LOCUS